Ella Bedge (Hrsg.)

Starke Frauen, starke Sprüche

888 prägnante Weisheiten
von und für Frauen

Geistreiche und kuriose Aussprüche
prominenter Persönlichkeiten

Bibliografische Information der Deutschen Nationalbibliothek
Die Deutsche Nationalbibliothek verzeichnet diese Publikation in der
Deutschen Nationalbibliografie; detaillierte bibliografische Daten sind im
Internet über http://dnb.ddb.de abrufbar.

ISBN 978-3-86910-000-5 (Print)
ISBN 978-3-86910-942-8 (PDF)

Die Autorin: Ella Bedge schreibt für Print- und Online-Medien und pflegt
auch privat eine ständig wachsende Zitatensammlung. Ihr Motto: „Schweigen
kann ich auch später."

Originalausgabe

© 2009, 2013 humboldt
Eine Marke der Schlüterschen Verlagsgesellschaft mbH & Co. KG,
Hans-Böckler-Allee 7, 30173 Hannover
www.schluetersche.de
www.humboldt.de

Lektorat:	Nathalie Röseler, Dateiwerk GmbH, Pliening
Covergestaltung:	DSP Zeitgeist GmbH, Ettlingen
Coverfoto:	John Rawlings/Corbis
Innengestaltung:	akuSatz Andrea Kunkel, Stuttgart
Satz:	PER Medien+Marketing GmbH, Braunschweig
Druck:	M.A.C. Solutions, Torun (Polen)

Inhalt

Vorwort

Warum dieses Büchlein unentbehrlich ist

Eigentlich wissen wir's ja selbst. Wir wissen, dass wir Frauen schön sind und intelligent, witzig und einfühlsam, gebildet und praktisch veranlagt. Und Männer sind … nun ja, Schwamm drüber, das wissen wir eigentlich auch. Wozu also dieses Buch?

Weil es nötig ist, sich all unsere guten Seiten immer wieder vor Augen zu führen. Wer sagt uns denn sonst im Ernstfall, wie gut wir sind, wenn wir unsere beste Freundin nicht anrufen können? Wer flüstert uns den passenden Spruch ein, wenn wir uns von unserer schlagfertigsten Seite zeigen wollen? Das Leben ist ein Dschungel. Durch den kommt nur, wer trainiert ist und die richtige Ausrüstung hat.

Sie haben sie jetzt – mit diesem kleinen Buch. Es enthält alles, was kluge Frauen gedacht und gesagt haben. (Klar doch, ein paar Sprüche von Männern stehen auch drin, wir wollen ja nicht so sein.)

Lesen Sie, amüsieren Sie sich und merken Sie sich, was Ihnen gefällt. Vielleicht auch, um es bei nächster Gelegenheit anzuwenden. Die kommt ganz bestimmt schneller als gedacht.

Das verspricht Ihnen augenzwinkernd

Ihre
Ella Bedge

Befreit euren Geist und der Hintern wird folgen

Die besten Sprüche für mehr Lebenslust

Bescheidenheit ist keine Tugend, sondern eine schlechte Angewohnheit. Wird Zeit, dass wir sie ablegen. Denn mal ehrlich: Wir haben doch mehr verdient, als man uns oftmals zugestehen will, oder? Es hilft alles nichts, wir müssen uns selbst nehmen, was wir brauchen – auch auf die Gefahr hin, uns ab und an mal die Finger zu verbrennen. Besser so, als wenn wir immer unter unseren eigenen Möglichkeiten blieben.

Zu viel des Guten kann wunderbar sein. *Mae West*

Wenn's um alles oder nichts geht, nimm alles.

Anonym

Es ist offensichtlich, dass ich nicht immer Mädchen bleiben kann, überdies wäre es sehr lächerlich, sich das vorzunehmen.

Cornelia Goethe

Viele Frauen sind nur auf ihren guten Ruf
bedacht; aber die anderen werden glücklich.

Josephine Baker

Ein Mädchen kann auf den richtigen Mann
warten, aber das heißt nicht, dass sie sich in
der Zwischenzeit nicht mit all den falschen
vergnügen könnte.

Cher

Ich habe keinen Ehemann genug gehasst,
um ihm die Diamanten wiederzugeben.

Elizabeth Taylor

Wenn eine Frau groß einkauft, beweist sie nur,
dass sie vieles lieber mag als Geld.

Michèle Morgan

Wer ganz genießt, der lebt wirklich.

Karoline von Günderrode

Befreit euren Geist und der Hintern wird folgen.

Sarah Ferguson

Wieso gönnen wir uns den Genuss nicht sofort?
Wie oft wird die Freude durch Vorbereitungen
verdorben, durch törichte Vorbereitungen!

Jane Austen

Ich achte nicht auf die Vernunft ...
Die Vernunft empfiehlt immer das,
was ein anderer gern möchte.   *Elizabeth Gaskell*

Lass dich nicht davon abbringen, was du
unbedingt tun willst. Wenn Liebe und Inspiration
vorhanden sind, kann es nicht schiefgehen.
                                      Ella Fitzgerald

Schließ keine Kompromisse, du bist alles,
was du hast.   *Janis Joplin*

Ich bin nicht bis hierher gekommen,
weil ich davon träumte oder darüber nachdachte,
sondern weil ich meinen Weg gegangen bin.
                                      Estée Lauder

Um glücklich zu sein, muss man seine Vorurteile
abgelegt und seine Illusionen behalten haben.
                                      Émilie du Châtelet

Lebenslust ist wichtiger als Reichtum.
Was nützen Brillanten auf einer welken Haut?
                                      Juliette Gréco

Das Leben ist kurz, und wir müssen es hier leben.

Kate Winslet

Leben soll man leben, aber nicht die ganze Zeit
darüber diskutieren.   *Isabelle Adjani*

Niemand kann dir ein Minderwertigkeitsgefühl
aufzwingen ohne deine eigene Bereitschaft dazu.

Eleanor Roosevelt

Ich brauche keinen Mann, um meine Existenz
aufzuwerten. Die intensivste Beziehung,
die wir je haben können, ist die mit uns selbst.

Shirley MacLaine

Wir müssen zu unseren Ansichten stehen und
es riskieren, um ihretwillen zu Fall zu kommen.

Katherine Mansfield

Man muss wählen zwischen Herz und Vernunft.
Ich gehorche dem Herzen.   *Eleonora Duse*

Die Frauen geben mehr Geld aus, als der Mann
verdient, damit die Leute glauben, dass er mehr
verdient, als die Frau ausgibt.   *Danny Kaye*

Die Wünsche des Mannes gehen zu Fuß.
Die Wünsche der Frau fliegen. *Aus Persien*

Wenn man mit Flügeln geboren wird, sollte man
alles dazu tun, sie zum Fliegen zu benutzen.
Florence Nightingale

Wir wollen lieber fliegen als kriechen.
Louise Otto-Peters

Die Zukunft gehört denen,
die auf die Schönheit ihrer Träume vertrauen.
Eleanor Roosevelt

Das Leben ist zu kurz, um Animositäten
zu pflegen und sich auf das Schlechte zu
konzentrieren. *Charlotte Brontë*

Die Stunde ist kostbar.
Warte nicht auf eine spätere, gelegenere Zeit.
Katharina von Siena

Wer nichts weiß, muss alles glauben.
Marie von Ebner-Eschenbach

Ich habe es nie aufgegeben, erfahren zu wollen,
was sich hinter einem Gesicht verbirgt.

Gisèle Freund

Wie viele Freuden werden zertreten,
weil die Menschen meist nur in die Höhe gucken
und, was zu ihren Füßen liegt, nicht achten.

Katharina Elisabeth Goethe

Noch ein Glas mehr, und ich hätte unter
dem Gastgeber gelegen. *Dorothy Parker*

Dass uns eine Sache fehlt, sollte uns nicht davon
abhalten, alles andere zu genießen. *Jane Austen*

Muss man wirklich entweder die intellektuelle
Eiskönigin oder die schlampige Hure sein?
Gibt es keinen Weg, beides zu sein? *Susan Sarandon*

Lebenskunst ist die Kunst des richtigen
Weglassens. Das fängt beim Reden an und hört
beim Dekolleté auf. *Coco Chanel*

Früher einmal wart ihr wild.
Lasst euch nicht zähmen!   *Isadora Duncan*

Ich möchte mich mit dem Jetzt befassen.
Es genügt mir nicht, zu hören, wie andere es
früher gemacht haben oder dass die Stones
irgendetwas auch schon gemacht haben.
Das ist nicht genug.   *Patti Smith*

Lass durch nichts in der Welt dich binden
als durch deine höchste innere Wahrheit.
                Emma Herwegh

Folge nie der Menge, nur weil du Angst hast,
anders zu sein.   *Margaret Thatcher*

Meine Selbstständigkeit war nächst meiner Liebe
mein größtes Glück.   *Fanny Lewald*

Unsere Träume können wir erst dann
verwirklichen, wenn wir uns entschließen,
einmal daraus zu erwachen.   *Josephine Baker*

Die guten Mädchen sind es, die Tagebuch
schreiben; die bösen haben keine Zeit dazu.

Tallulah Bankhead

Man muss sich ein würdiges Ziel wählen und
darf es niemals aus den Augen verlieren.

Christine von Schweden

Nicht der Beginn wird belohnt, sondern einzig
und allein das Durchhalten. *Katharina von Siena*

Ich habe nie gefragt, warum ich dieses oder
jenes wollte. Mein inneres Selbst hat immer stolz
gesagt: Weil ich es eben will. *George Sand*

Nichts im Leben muss man fürchten.
Man kann alles begreifen. *Marie Curie*

Die Freiheit wird einem nicht gegeben,
man muss sie nehmen. *Meret Oppenheim*

Der Spiegel ist ein Beichtvater, der den Mund hält.

Germaine de Staël

Gott sieht alles. Aber er petzt nicht. *Anonym*

Ich bin das Mädchen, das seinen guten Ruf verloren und nie vermisst hat. *Mae West*

Es ist mir nicht gelungen, den Feminismus zu definieren. Alles, was ich weiß, ist dies: Ich werde von Leuten als Feministin bezeichnet, wenn ich mich nicht mit einem Fußabtreter verwechseln lasse. *Rebecca West*

Es kommt nicht darauf an, wo du herkommst. Es zählt, wo du hingehst. *Ella Fitzgerald*

Es ist nie zu spät, so zu sein, wie man gerne gewesen wäre. *George Eliot*

Wer nicht wächst, der schrumpft. *Teresa von Ávila*

Fehler gehören zu den Verpflichtungen, mit denen man für ein vollwertiges Leben zahlt. *Sophia Loren*

**Das Leben ist ein Spiel. Man macht keine
größeren Gewinne, ohne Verluste zu erzielen.**

Christine von Schweden

**Du musst genau das machen, wovon du glaubst:
Das kann man nicht machen.** *Eleanor Roosevelt*

Ich bin nicht schrill. Ich bin natürlich. *Lotti Huber*

**Ein Prinzip, das ich wärmstens empfehle:
Übe nie zwei Laster auf einmal aus.**

Tallulah Bankhead

**Das Gegenteil der Heiligen sind nicht die Sünder,
sondern die Scheinheiligen.** *Glenn Close*

**Es ist gefährlich, anderen etwas vorzumachen;
denn es endet damit, dass man sich selbst etwas
vormacht.** *Eleonora Duse*

**Erinnerungen bin ich treu für immer;
Menschen werde ich es niemals sein.**

Lou Albert-Lasard

Das Wesen der Selbstständigkeit ist keine Fähigkeit, die wir in uns tragen: Wir müssen sie erwer-
ben. Protestiere, wenn dir etwas nicht zusagt.
Gehorsam ist eine gefährliche Eigenschaft.

Federica DeCesco

Dass ich mich verheirate, soll kein Grund sein,
dass ich nichts werde. *Paula Modersohn-Becker*

Stimmung? Stimmung? – Ich verlange keine
Stimmung in mir, ich will Ton. *Sophie Mereau*

Manche Leute schlafen nur deshalb so gut,
weil sie so langweilige Träume haben.

Germaine de Staël

Es ist wichtig, sich selbst auszudrücken ...
vorausgesetzt, dass die Gefühle wahrhaftig sind
und deiner eigenen Erfahrung entstammen.

Berthe Morisot

Jahrelang habe ich versucht, eine ungestüme
Flut einzudämmen, meine Gefühle in ordentliche
Bahnen zu leiten: Das hieß, mich gegen
den Strom zu stemmen. *Mary Wollstonecraft*

Ich mag eine Rebellin sein, aber ich bin keine
Außenseiterin.
Vivienne Westwood

Man muss beginnen, sich zur Überzeugung zu
machen, dass wir auf dieser Welt sind, um uns
angenehme Empfindungen und Gefühle zu
bereiten.
Émilie du Châtelet

Spielen ist eigentlich ein allgemeines
menschliches Laster, und es macht Spaß.
Helene Weigel

Die Frauen haben nicht Unrecht, wenn sie sich
den Vorschriften nicht fügen wollen, welche in
der Welt eingeführt sind: Weil die Männer sie
verfasst haben, ohne die Frauen zu fragen.
Michel de Montaigne

Glück ist gute Gesundheit und ein schlechtes
Gedächtnis.
Ingrid Bergman

Je mehr ich Männer kennenlerne,
desto mehr mag ich Hunde.
Germaine de Staël

Ich möchte gern auf den Mond.
Dort soll es einen Mann geben. *Jeanne Moreau*

Lieber Wein, Weib und Gesang als Bier,
Mann und Gebrüll. *Anonym*

Traue niemandem, den der Anblick einer schönen
weiblichen Brust nicht außer Fassung bringt.
Auguste Renoir

Man sollte einer Frau kein Kompliment
vorenthalten, auf das sie Anspruch hat. *Willy Birgel*

Jede Frau hat ein Vorrecht darauf,
ihre Meinung zu ändern. *Aus den USA*

Wenn eine Frau einem Mann das Essen bezahlt,
muss sie wenigstens nicht über seine Witze
lachen. *Anonym*

Auch reiche Frauen brauchen Sex. *Tina Onassis*

Moral ist, wenn man so lebt,
dass es keinen Spaß macht, so zu leben. *Edith Piaf*

Genie hat kein Geschlecht. *Germaine de Staël*

Ein Geiger hat seine Geige, ein Maler seine
Palette. Alles, was ich besaß, war ich selbst.
Ich war das Instrument, für das ich zu sorgen
hatte. *Josephine Baker*

Frauen halten das für unschuldig,
was sie sich erlauben. *Joseph Joubert*

Die Bezeichnung „schwaches Geschlecht"
ist Verleumdung; es ist die Ungerechtigkeit
der Männer gegenüber den Frauen. *Mahatma Gandhi*

Sollte es wirklich einmal zu einem Kampf
zwischen den Geschlechtern kommen, dann
werden die Frauen siegen, weil die Männer die
Frauen mehr lieben als die Frauen die Männer.
August Strindberg

Männer sind männlich ...

Klar. Und? Sonst noch was?

Dieses Kapitel dürfen Sie auf keinen Fall einem Mann zu lesen geben. Sie haben sonst lange damit zu tun, den Ärmsten hinterher wieder aufzurichten. Die Wahrheit kann halt wehtun. Umso genüsslicher sollten Sie sich das Folgende zu Gemüte führen: eine Sammlung der bösesten und realistischsten Aussagen über das sogenannte starke Geschlecht. Und falls Sie sich wundern, dass dabei hin und wieder auch Männer zu Wort kommen: Selbsterkenntnis ist doch der erste Schritt zur Besserung. Es besteht also Hoffnung!

Wenn du weißt, dass die meisten Männer wie Kinder sind, weißt du alles. *Coco Chanel*

Junggeselle: ein Mann, den die Frauen noch ausprobieren. *Ambrose Bierce*

Männer sind feiger als Frauen. Wie viele hätten den Mut, in einem Laden zehn Anzüge zu probieren, wenn sie nur ein bisschen Kleingeld in der Tasche haben? *Anonym*

Natürlich muss man die Männer so nehmen,
wie sie sind. Aber man darf sie nicht so lassen.

Zsa Zsa Gabor

Es gibt nur eine einzige Zeit, einen Mann zu
ändern: wenn er ein Baby ist. *Natalie Wood*

Hätte seine Mutter ihn nur weggeworfen
und stattdessen den Storch behalten! *Mae West*

Im echten Manne ist ein Kind versteckt.
Das will spielen. *Friedrich Nietzsche*

Weshalb geht eine Psychoanalyse bei Männern
schneller als bei Frauen? – Wenn es darum geht,
in die Kindheit zurückzugehen, sind die meisten
Männer schon da. *Anonym*

Das Weibchen sucht sich nicht das Männchen,
das ihm am besten gefällt, sondern das,
das es am wenigsten abstoßend findet.

Charles Darwin

Der Mann ist ein Zwischenglied
zwischen Mensch und Tier. *Helene von Druskowitz*

Männer sind männlich, Frauen sind göttlich.

Anonym

Es gibt Männer, die dümmer und wirklich auch hässlicher sind, als Gott sie gemacht haben würde.

Honoré de Balzac

Wenn die Frauen nicht wären, würden die Männer noch in den Bäumen leben. *Marilyn Peterson*

Das Schönste an den meisten Männern ist die Frau an ihrer Seite. *Henry Kissinger*

Die geschmackvolle Frau wählt den Mann, der ihr am besten steht. *Emilio Schuberth*

Männer brauchen Frauen um sich, sonst verfallen sie unaufhaltsam der Barbarei.

Orson Welles

Männer – das sind diese Wesen mit den zwei Beinen und acht Händen. *Jayne Mansfield*

Ich bin nicht abergläubisch, aber es gibt Dinge,
die mir kein Glück bringen, zum Beispiel
die Männer. *Ava Gardner*

Die Männer sind schuld daran,
dass die Frauen sie nicht lieben. *Jean de La Bruyère*

Je älter der Mann, umso jünger seine zweite Frau.
Edward A. Murphy

Alt ist ein Mann dann, wenn er an einer Frau
vor allem ihre Tugend bewundert. *Sascha Guitry*

Die Männer sind Bestien. Darum ist es höchst
wichtig, die Kerle gut zu füttern. *Oscar Wilde*

Die Männer sind wie Wintermäntel:
Nur gut gefüttert taugen sie etwas. *Jackie Collins*

Durch Heftigkeit ersetzt der Mann,
was ihm an Wahrheit fehlt.
Annette von Droste-Hülshoff

Die Dummheiten des Mannes sind nicht so
bekannt wie die der Frau.   *Aus Kamerun*

Zuerst schuf der liebe Gott den Mann,
dann schuf er die Frau. Danach tat ihm
der Mann leid, und er gab ihm Tabak.   *Mark Twain*

Die Frauen haben es ja von Zeit zu Zeit auch nicht
leicht. Wir Männer aber müssen uns rasieren.
                                   Kurt Tucholsky

Erfolg verändert Männer nicht. Er entlarvt sie.
                                   Suzanne Necker

Ein Mann ändert eher das Antlitz der Erde
als seine Gewohnheiten.   *Eleonora Duse*

Es hat keinen Zweck, sich mit Männern zu
streiten. Sie haben ja doch immer Unrecht.
                                   Kate Winslet

Der Mann hat seinen Willen –
aber die Frau setzt sich durch.
                          Oliver Wendell Holmes

Dass die Frauen das letzte Wort haben, beruht hauptsächlich darauf, dass den Männern nichts mehr einfällt.
Helen Vita

Sie fragen mich, ob ich nicht auch der Meinung sei, dass Männer wunderliche Wesen sind. Dieser Meinung bin ich in der Tat, und der Gedanke ist mir schon oft gekommen.
Charlotte Brontë

Nur zwei Kategorien von Männern bringen kein Verständnis für Frauen auf: Ehemänner und Junggesellen.
Anonym

Mancher Mann glaubt, er sei ein Frauenkenner, weil er jeder Frau gegenüber jedes Mal denselben Fehler macht.
Anonym

Wenn Sie möchten, dass Ihr Mann Ihnen zuhört und hundertprozentig dabei ist, reden Sie im Schlaf.
Audrey Hepburn

Ein Mann mit einem hohen Bankkonto kann gar nicht hässlich sein.
Zsa Zsa Gabor

Wie nennt man einen Mann, der 90 Prozent seiner Denkfähigkeit verloren hat? – Einen Witwer.

Anonym

Manche Frau bringt das Kunststück fertig, ihrem Mann über den Kopf zu wachsen, obwohl er gar keinen hat.

Hanne Wieder

Nur eine verliebte Frau bringt es fertig, einen Mann zu durchschauen, ohne ihn anzublicken.

Kim Novak

Männer fürchten sich vor dem Verstand ihrer Frauen – und dann gehen sie hin und beklagen sich, von ihren Frauen nicht verstanden zu werden.

Jeanne Moreau

Männer, die sich vom Umgang mit Frauen fernhalten, hören auf, liebenswürdig zu sein.

Charles Joseph von Ligne

Der Mann ohne Frau ist ein Baum ohne Laub und Zweige.

Aus Korsika

Neuntes Gebot für Frauen: Du sollst nicht
falsch Zeugnis ablegen für die Männer;
du sollst ihre Barbarei nicht beschönigen
mit Worten und Werken. *Friedrich Schleiermacher*

Männer sind robuster als Frauen,
aber nicht langlebiger. *Jane Austen*

Es gibt keine harten Frauen, nur weiche Männer.
Raquel Welch

Er zu ihr: „Möchtest du manchmal ein Mann
sein?" Sie: „Nein. Und du?" *Anonym*

Ein Mann fühlt sich erst dann von einer Frau
verstanden, wenn sie ihn bewundert. *Kim Novak*

Er benahm sich wie ein Hahn, der glaubte,
die Sonne sei nur aufgegangen, um ihn krähen
zu hören. *George Sand*

Für Männer gelten die Gesetze der Optik nicht:
Wenn man sie unter die Lupe nimmt, werden sie
plötzlich ganz klein. *Grete Weiser*

**Vier Worte, mit denen eine Frau das Ego
eines Mannes zerstören kann: Ist er schon drin?**

Anonym

**Das Problem für die Frau liegt darin, den Mann
so klein zu kriegen, dass einiges an ihm immer
noch groß genug bleibt.** *Linda Lion*

**Eine fast widerliche Eigenschaft des Mannes ist,
dass er mit schnellfertiger Verachtung vom Weibe
alle die Tugenden verlangt, die er selbst an sich
ersehnt.** *Emil Gött*

**Der moderne Ehemann ist überzeugt, die Frau
gehöre ins Haus. Deshalb erwartet er, dass sie
nach der Arbeit sofort dorthin zurückkehrt.**

Jane Fonda

**Das Wundervolle am Tanzen ist auch die Konver-
sation. Das Problem ist nur, dass manche Männer
nicht gleichzeitig reden und tanzen können.**

Ginger Rogers

**Ein Mann am Steuer seines Autos ist ein Pfau,
der sein Rad in der Hand hält.** *Anna Magnani*

Der höchste Vertrauensbeweis unter Männern:
dem Freund den Sportwagen zu leihen.
Ob die Frau drinsitzt oder nicht, ist fast
schon nebensächlich.   *Edna Grace*

Männer sind wie ein Porsche:
Das Image stimmt noch,
aber die Technik ist veraltet.   *Katharina Witt*

Wenn man alle Männer, die infantil geblieben
sind, auch als solche behandeln würde,
wäre die Welt voller Kinderwagen.   *Merle Oberon*

Männliche Dummheit bereitet mir größtes
Vergnügen. Gott sei Dank ist das eine schier
unerschöpfliche Quelle der Unterhaltung.
                                    Mary Wortley Montagu

Warum schmücken sich die Frauen? Halten
sie uns etwa allen Ernstes für so dumm,
dass wir den von außen hinzugelegten Flitter
ihrem Wesen, ihrem persönlichen Wert zuzählen
würden? Nein, für so dumm halten sie uns
nicht, wohl aber für so töricht. Und mit Recht.
                                    Carl Spitteler

Die Frauen machen sich nur deshalb so hübsch,
weil das Auge des Mannes besser entwickelt ist
als sein Verstand.   *Doris Day*

Eines der Dinge, die mich die Politik gelehrt hat,
ist, dass Männer keine vernunftbegabten oder
vernünftigen Wesen sind.   *Margaret Thatcher*

Das Weib ist gut; der Mann allein
hat das Böse in sich zu überwinden.
                                     Johann Wilhelm Ritter

In meiner Nachbarschaft leben neunzehn Männer.
Achtzehn davon sind Narren. Und der neunzehnte
ist verdammt noch mal auch kein großes Licht.
                                            Bessie Smith

Die einzige Art von Tiefe, die Männer bei
einer Frau schätzen, ist die ihres Dekolletés.
                                         Zsa Zsa Gabor

Sex ist beim Mann ein natürlicher Trieb,
der mit der Pubertät beginnt und mit
der Ehe endet.   *Diane Keaton*

Ein Mann hat kein Vertrauen zu einer Frau,
die intelligenter ist als er. *Bette Davis*

Der sogenannte Frauenkenner kennt meistens
nur Frauen, die er besser nicht kennen würde,
und schließt daraus auf Frauen, die er nie
kennen wird. *Anonym*

Ein Mann kann in den Augen einer Frau nicht
lesen, höchstens buchstabieren. *Vittorio De Sica*

Wenn es darauf ankommt, in den Augen
einer Frau zu lesen, sind die meisten
Männer Analphabeten. *Heidelinde Weis*

Was bedeutet es, wenn du nach Hause kommst
zu einem Mann, der dir Liebe, Zuwendung und
Zärtlichkeit gibt? Es bedeutet, dass du dich in
der Tür geirrt hast. *Bette Midler*

Man sagt immer, die Weiber schwätzen viel,
und wenn die Männer anfangen, so hat's gar
kein Ende. *Johann Wolfgang von Goethe*

Die Fantasie der Männer reicht bei Weitem
nicht aus, um die Realität Frau zu begreifen.

Anna Magnani

Nur Frauen und Ärzte wissen,
wie gern sich die Männer belügen lassen.

Anatole France

Eine Frau macht niemals einen Mann zum
Narren. Sie sitzt nur dabei und sieht zu,
wie er sich selbst dazu macht.

Frank Sinatra

Bei den Mannsleuten ist alle Mühe verloren,
sie sind doch nicht zu bessern.

Johann Wolfgang von Goethe

Frauen träumen von Weltfrieden, einer sicheren
Umwelt und der Beseitigung des Hungers. Wovon
träumen Männer? Mit attraktiven Zwillingen im
Aufzug stecken zu bleiben.

Anonym

Früher brauchte man nur ein Taschentuch fallen
zu lassen, und schon stürzten die Männer herbei.
Heute könnte man einen Büstenhalter verlieren,
und keiner rührt einen Finger.

Helen Vita

Der wahre Gentleman ist ein Mann,
der die Gedanken einer Frau errät
und sie trotzdem nicht nach Hause begleitet.

John Barrymore

Selig der Mann, der nichts zu sagen hat
und davon absieht, diese Tatsache durch
Worte zu beweisen.   *George Eliot*

Sie: „Hast du was gesagt?"
Er: „Nein, das war gestern."   *Anonym*

Kein Mann kann eine Frau von überlegenem Geist
ertragen.   *Mary Astell*

Manche Männer sind, wenn sie ohne Frauen
bleiben, ruhmlos wie ein Tag, der keine Sonne
hatte.   *Hildegard von Bingen*

Warum feiern wir eigentlich Weihnachten –
es kommt doch jeden Tag vor, dass ein Mann
geboren wird, der sich später für Gott hält.

Anonym

Frauen mögen keine Angeber.
Wer den Mund voll nimmt, kann nicht küssen.

Anonym

Das Leben eines Mannes teilt sich in drei Phasen:
1. Er glaubt an den Weihnachtsmann.
2. Er glaubt nicht an den Weihnachtsmann.
3. Er ist der Weihnachtsmann.

Anonym

Ich kann kaum meinen Lachmuskeln
gebieten, wenn ich den Ernst sehe,
mit dem ein Mann sich beeilt,
für eine Dame ein Taschentuch
aufzuheben oder eine Tür zu schließen,
was sie doch selbst gekonnt hätte.

Mary Wollstonecraft

Meine Herren, was Männlichkeit ist,
weiß ich nicht.

Johanna Loewenherz

Drei Arten von Männern versagen im Verstehen
der Frauen: junge Männer, Männer mittleren
Alters und alte Männer.

Irisches Sprichwort

Kein Mann ist imstande, die weibliche Vernunft
zu begreifen. Deshalb gilt sie als Unvernunft.

Eleonora Duse

Im Grunde genommen sind Männer faul.
Wenn alle Frauen Jobs hätten, würden
die Männer zu Hause bleiben, Bier trinken
und sich alle Fernsehprogramme anschauen.

Gracia Patricia von Monaco

In seinen persönlichen Lebensumständen
ist der Mann der geborene Reaktionär,
den jede Veränderung erschreckt, sogar
eine neue Zahnbürste. *Miranda Corti*

Der Mann hat ein Gen mehr als das Schwein.
Warum? Damit sich der Schwanz nicht ringelt.

Anonym

Männer und Schweine haben immer
etwas zu grunzen. *Nina Hagen*

Bei vielen Männern ist es purer Zufall,
wenn sie sagen, was sie denken. *Anonym*

Nur ein Mann beherrscht die Kunst,
die einfachsten Dinge auf die komplizierteste
Art zu erläutern. *Juliette Binoche*

Brüllt ein Mann, ist er dynamisch.
Brüllt eine Frau, ist sie hysterisch.   *Hildegard Knef*

Wenn Männer schwanger werden könnten,
wäre die Abtreibung ein Sakrament.
                                        Florynce Kennedy

Ich zweifle keinen Augenblick daran,
dass Frauen dumm sind. Schließlich hat
der Allmächtige sie den Männern zum
Ebenbild erschaffen.   *George Eliot*

Früher hatten schöne Frauen automatisch dumm
zu sein. Wie man sieht, können heute auch schöne
Männer dumm sein.   *Jean-Paul Gaultier*

Ein kluger, hässlicher Mann hat hin und wieder
Erfolg bei den Frauen, aber ein hübscher Dummkopf ist unwiderstehlich.
                            William Makepeace Thackeray

Männer gelangen zu ihren Überzeugungen
wie Jungen das Buchstabieren lernen –
durch genaues Wiederholen.
                            Elizabeth Barrett Browning

Wenn ein Mann für dich kocht,
und der Salat enthält mehr als drei Zutaten,
meint er es ernst. *Penelope Cruz*

Wenn ein Mann vielleicht auch kein Herz hat,
so hat er doch bestimmt einen Magen.
Aus der Mongolei

Die Männer sind der Frauen Verräter.
William Shakespeare

Warum irrte das Volk Israel unter der Führung
des Moses 40 Jahre in der Wüste umher?
Na, jeder weiß doch, dass Männer unfähig sind,
nach dem Weg zu fragen. *Anonym*

Manche Männer sind die geborenen Eisenbahner:
Abends haben sie einen guten Zug,
nachts Verspätung und morgens bleiben
sie auf der Strecke. *Anonym*

Erst die Männer sind auf die Idee gekommen,
nächtliche Unternehmungen Tagungen zu
nennen. *Helen Vita*

Selten ist ein Mann so gut in Stimmung,
wie wenn er von sich selbst erzählt.

Marlene Dietrich

Sprichst du über dich selbst, wird er denken,
du seist langweilig. Sprichst du über andere,
wird er dich für eine Tratschtante halten.
Sprichst du über ihn, wird er denken,
du seist eine geistreiche Gesprächspartnerin.

Linda Sunshine

Die Männer sagen immer wieder dasselbe,
aber Gott sei Dank immer wieder zu einer
anderen Frau.

Jeanne Moreau

Es ist schlimm, wenn zwei Eheleute einander
langweilen. Viel schlimmer jedoch ist es,
wenn nur einer von ihnen den anderen langweilt.

Marie von Ebner-Eschenbach

Wie beschäftigt man einen Mann mehrere
Stunden? Einfach auf beide Seiten
eines Zettels „Bitte umdrehen!" schreiben.

Anonym

Wenn die Weiber nicht eitel wären,
die Männer könnten sie's lehren.   *Paul von Heyse*

Es könnte manchem Mann nichts Schlimmeres
passieren, als wenn seine Frau sich an ihm
ein Beispiel nimmt.   *Lebensweisheit*

Wer Tabak raucht, riecht wie ein Schwein.
Wer Tabak schnupft, sieht aus wie ein Schwein.
Wer Tabak kaut, ist ein Schwein.   *Germaine de Staël*

Was der Pfau am Kopf zu wenig hat,
hat er am Schwanz zu viel.   *Sprichwort*

Alle Männer wären Tyrannen,
wenn man sie lassen würde.   *Abigail Adams*

Wenn ein Mann einer Frau die Autotür öffnet,
ist entweder die Frau oder das Auto neu.
    Henry Ford

Wie die Männer Auto fahren,
so möchten sie sein.   *Anna Magnani*

Heutzutage gilt ein Mann schon als Gentleman,
wenn er die Zigarette aus dem Mund nimmt,
bevor er eine Frau küsst.   *Barbra Streisand*

Traue nie den leuchtenden Augen eines Mannes.
Es könnte die Sonne sein, die durch seine hohle
Birne scheint.   *Anonym*

Männer sind wie ...

- ... der Mond: Mal nehmen sie ab, mal nehmen sie
  zu, und alle vier Wochen sind sie voll.
- ... ein neues Kleidungsstück: Man fühlt sich kurz
  gut damit, aber man braucht es nicht wirklich.
- ... Zwiebeln: Das, was übrig bleibt, wenn man die
  Schale abgepellt hat, ist nur noch zum Heulen.
- ... Autos: Passt man nicht auf, liegt man drunter.
- ... Autoreifen: profillos, aufgeblasen und immer
  bereit, einen zu überfahren.
- ... Nebel: Wenn sie sich verzogen haben, wird es
  doch noch ein schöner Tag.
- ... Bäume: Genug Moos haben sie erst, wenn sie
  alt sind.
- ... Waschmaschinen: Erst macht eine Frau sie an.
  Dann drehen sie durch. Daraufhin spülen sie
  nach. Ein großer Teil des Lebens läuft im
  Schongang ab. Und irgendein Programm ist
  mit Sicherheit immer kaputt.   *Anonym*

Wenn heutzutage die Männer ernster sind als
die Frauen, so deshalb, weil ihre Kleidung nicht
mehr so farbenprächtig ist wie in vergangenen
Zeiten.   *André Gide*

Der Mann ist so beschaffen, dass er dem
vernünftigsten Argument eines Mannes
widersteht, aber dem unvernünftigsten
Blick einer Frau erliegt.   *Honoré de Balzac*

Jubelt, und die Männer werden euch nachlaufen;
trauert, und sie werden sich umdrehen und
gehen. Nur an euren Freuden möchten sie
uneingeschränkt teilhaben.   *Ella Wheeler Wilcox*

Hätten Sie sich statt eines Mannes doch lieber
einen Computer zugelegt, denn ...

... Computer sind berechenbar.

... Computer sind friedlich.

... Computer sind immer freundlich.

... Computer nörgeln nicht ständig herum.

... Computer sind schöner als Männer.

... Computer sind intelligenter als Männer.

... Computer sind nicht eifersüchtig.

... Computer haben keine wild gewordenen
    Ehefrauen.

... Computer haben eine Reset-Taste und einen
    Power-Schalter.

... Computer haben nichts dagegen, wenn man sie
    miteinander verbindet.

... Computer wollen nicht heiraten.

... Computer schwängern einen nicht.

... Computer kann man verschrotten.

... Computer kann man verkaufen oder vermieten.

... Computer haben keinen Geburtstag.

... Computer stören nicht beim Lesen oder Fernse-
    hen.

... Computer erwarten keine Reizwäsche.

... Computer geraten nicht in Panik, wenn man
    sie eine Woche nicht benutzt.

... Computer lassen einen in Ruhe, wenn Freun-
    dinnen zu Besuch sind.

... Computer haben einen Knopf zum Ausschalten.

Anonym

... doch Frauen sind göttlich!

Was wir eigentlich nicht beweisen müssen

Frauen sind nicht nur klug und einfühlsam, sie sehen auch verdammt gut aus. Sie haben einen exzellenten Geschmack, wuppen ihre Arbeit, wissen, wie man Kinder und Männer erzieht, und haben nebenbei immer noch Zeit für ihre Freundinnen. Nur, wer sagt ihnen all das eigentlich mal? Ab sofort brauchen Sie sich nicht mehr selbst Komplimente zu machen. Schauen Sie einfach in dieses Kapitel, und Sie wissen wieder, wie gut Sie sind.

Frauen lügen nie. Sie erfinden höchstens die Wahrheit, die sie gerade brauchen.

Yves Montand

Eine Frau zu sein, ist eine schrecklich schwierige Aufgabe, weil sie es vor allem mit Männern zu tun hat.

Joseph Conrad

Warum führen Frauen so häufig Selbstgespräche?
Weil sie auf diese Weise vernünftige Antworten
erhalten.
Anonym

Nur Frauen beherrschen die Kunst,
sich so zu verstellen, wie sie wirklich sind.
Tristan Bernard

Wenn Frauen unergründlich erscheinen,
liegt es meist an dem geringen Tiefgang
der Männer.
Katherine Hepburn

Intuition ist das, was eine Frau befähigt,
zwei und zwei zusammenzuzählen und doch
zu jedem Ergebnis zu kommen, das ihr passt.
Anonym

Die Logik der Frauen beruht auf
der Überzeugung, dass nichts unmöglich ist.
Maurice Chevalier

Intuition ist der eigenartige Instinkt,
der einer Frau sagt, dass sie recht hat,
gleichgültig, ob das stimmt oder nicht.
Oscar Wilde

Frauen können sich über die kleinste Kleinigkeit freuen, zum Beispiel über einen kaum haselnussgroßen Diamanten.

Jack Lemmon

Frauen verlieren niemals die Beherrschung, nur können sie sie nicht immer sofort finden.

Anonym

Eine Dame ist, wer „Sch ..." sagen kann, ohne dass irgendjemand davonläuft.

Heidelinde Weis

Ich weiß nicht, welcher Macht sich die Frauen bedienen, um ihren Willen durchzusetzen; denn trotz ihrer offenbaren Schwäche tragen sie stets den Sieg davon.

Honoré de Balzac

Was wären die Menschen ohne die Frauen? Rar, sehr rar.

Mark Twain

Der Teufel lehrt die Frauen, was sie sind, oder vielmehr: Sie lehren es den Teufel, falls er es noch nicht wissen sollte.

Jules Barbey d'Aurevilly

Eine Frau verzeiht alles – aber sie erinnert
einen oft daran, dass sie verziehen hat.

Michel Piccoli

Die einzigen Männer, die eine Frau zu
durchschauen vermögen, sind die Röntgenärzte.

Sascha Guitry

Was sagte Gott, nachdem er den Mann schuf?
„Das kann ich besser!"   *Graffito*

Für mich sind die Frauen die Krone
der Schöpfung! Schönheit in Vollendung!

Roberto Benigni

Männer kann man analysieren,
Frauen nur anbeten.   *Oscar Wilde*

Die Zivilisation eines Landes erkennt man an
den Männern, die Kultur an den Frauen.

Giosuè Carducci

Ein Weiberfeind ist auch ein Menschenfeind.

Jean Paul

Die Frauen haben immer anderthalbmal recht.

Aus Frankreich

**Frauen können sehr scharfsinnig werden,
wenn sie Unrecht haben.** *Artur Rubinstein*

**Manchmal beschleicht mich der böse Verdacht,
Frauen seien die besseren Menschen als Männer.**

Eleonora Duse

**Den Frauen, kurz gesagt, ist jeder Zwang verhasst,
– drum ist's gewagt, wenn man mit Argwohn sie
verfolgt und gar versucht, sie einzusperren.**

Molière

**Männer gefallen sich darin, boshafte Bonmots
über Frauen zu verbreiten; die Frauen rächen sich
dadurch, dass sie solche Bonmots zu Wahrheiten
machen.** *Anna Magnani*

**Männer verlangen von den Frauen immer
das Gleiche. Frauen verlangen von den Männern
etwas Besonderes.** *Sarah Bernhardt*

Es gibt vielleicht Frauen ohne Fehler.
Aber es gibt sicher Frauen, deren größter
Reiz in der Vollkommenheit ihrer Fehler liegt.

Gustave Flaubert

Das schwächere Geschlecht ist das stärkere wegen
der Schwäche des stärkeren für das schwächere.

Greta Garbo

Im gleichen Maße wie der Körper einer
Frau weicher ist als der des Mannes,
ist auch der weibliche Verstand schärfer.

Christine de Pizan

Adam wurde zuerst geschaffen, dann Eva.
Was beweist das? Entweder gar nichts oder
dass der Mann den Fischen untertan ist.

Lillie Devereux Blake

Es gibt kein Elend, moralisch oder äußerlich,
welches die Frau nicht zu lindern vermochte.

Benjamin Disraeli

Die ganze Welt ist eitel Truggefüge!
Willkommen, Weib, du einzig lebenswerte Lüge!

Carl Spitteler

Man muss sich entscheiden, die Frauen entweder
zu lieben oder sie zu durchschauen; dazwischen
gibt es nichts. *Nicolas-Sébastien de Chamfort*

Es gibt kaum ein größeres Missverständnis,
als wenn ein Mann glaubt, eine Frau vollkommen
zu verstehen. *Aus Japan*

Frauen sind wie ein offenes Buch,
geschrieben in einer fremden Sprache. *Mark Twain*

Eine Frau kann jederzeit hundert Männer
täuschen, aber nicht eine einzige Frau.
Michèle Morgan

Wenn ein Mann über eine Frau nachzudenken
beginnt, gehört er ihr schon halb. *Marcel Proust*

Man wirft mir vor, dass ich zu viel an Frauen
denke. An was soll man denn sonst denken?
Auguste Rodin

Wer die Weiber hasst, wie kann der leben?
Johann Wolfgang von Goethe

Wer das Weib nicht liebt,
liebt den Menschen nicht. *Ludwig Feuerbach*

Ohne Frauen geht es nicht,
das hat sogar Gott einsehen müssen. *Eleonora Duse*

Frauen, ihr Engel der Erde! Des Himmels
lieblichste Schöpfung! Ihr seid der einzige Strahl,
der unser Leben erhellt. *Alphonse de Lamartine*

Die Macht der Frauen kann man unterschätzen,
nie überschätzen. *Jean Paul*

Frauen, die sich zu schnell erobern lassen,
organisieren den Widerstand später im
Untergrund. *Jean-Paul Belmondo*

Eine der erogensten Zonen der Frau ist
ihre Intelligenz. *Shirley MacLaine*

Ich bin tough, ich bin ehrgeizig, und ich weiß
genau, was ich will. Wenn mich das zur Hexe
macht – okay! *Madonna*

Wenn die Frauenzimmer immer wüssten,
was sie könnten, wenn sie wollten!

Johann Wolfgang von Goethe

Wenn ein Mann seine Meinung äußert,
ist er ein Mann. Wenn eine Frau dasselbe tut,
ist sie ein Miststück.   *Bette Davis*

Ich möchte den Mann kennen,
der das Weib kennt – aber ich möchte
das Weib nicht kennen, das den Mann kennt.

Karl Johann Braun von Braunthal

Die Frauen sind ein liebliches Geheimnis:
nur verhüllt, nicht verschlossen.   *Novalis*

Ein Mann kann höchstens vollständig sein,
eine Frau aber vollkommen.   *Eleonora Duse*

Ohne die Frau würde der Mann roh, grob,
einsam sein und die Anmut nicht kennen.

François-René de Chateaubriand

Keine Frau kann aus einem Narren einen Weisen machen. Aber jede Frau kann aus einem Weisen einen Narren machen. *Aus Argentinien*

Ihr Männer seid immer bestrebt, als Don Juan zu gelten, ihr bildet euch ein, dass ihr die Frauen überlistet; dabei kommt ihr oft genug an eine Donna Juana, die noch durchtriebener ist, als ihr selbst. *Prosper Mérimée*

Frauen lieben die Besiegten, aber sie betrügen sie mit den Siegern. *Henri Toulouse-Lautrec*

Männer wünschen eine Frau, mit der man Pferde stehlen kann. Frauen wünschen einen Mann, mit dem man sich ein Auto kaufen kann. *Anna Magnani*

Es gibt Empfindungen, die die Frauen erraten, so sorgfältig die Männer sie auch verbergen. *Honoré de Balzac*

Denn es ist den Frauen angeboren, die Neigungen der Männer genau zu kennen. *Johann Wolfgang von Goethe*

Die Ahnung der Frau ist meistens zuverlässiger
als das Wissen des Mannes. *Rudyard Kipling*

Frauen sind am stärksten, wenn sie sich
mit ihrer Schwäche bewaffnen. *Madame du Deffand*

Ich glaube, die Tränen sind den Frauen gegeben,
um über die Männer zu lachen. *Emanuel Wertheimer*

Eine Frau lacht, wenn sie kann,
und weint, wann sie will. *Aus Frankreich*

Eine kluge Frau lernt beizeiten,
ihren Mann ohne Grund zu bewundern.
Margot Hielscher

Welche Frau würde nicht gern zu einem Mann
aufblicken? Dass das so selten möglich ist,
liegt nur an den Männern. *Daliah Lavi*

Frauen am Steuer versuchen erst gar nicht,
den Motor zu verstehen; deshalb imponiert
er ihnen nicht. *Ugo Tognazzi*

Eine Dame ist eine Frau, die weiß, was sie nicht
wissen darf – obwohl sie es weiß.

Jean-Paul Belmondo

Das Kind hat den Verstand meistens vom Vater,
weil die Mutter ihren noch besitzt.   *Adele Sandrock*

Jemand will ein Gehirn kaufen und stellt fest,
dass die grauen Zellen einer Frau viel billiger
sind als die eines Mannes. Warum wohl?
Die Antwort lautet: Sie waren gebraucht.

Sharon Stone

Das Herz einer Frau sieht mehr als
die Augen von zehn Männern.   *Sprichwort*

Wenn die Frauen aus Glas wären,
sie würden doch undurchsichtig sein.   *Aus Russland*

Der Mann ist leicht zu erforschen,
die Frau verrät ihr Geheimnis nicht.   *Immanuel Kant*

Was eine Frau will, davor zittert Gott.

Aus Frankreich

Es ist ein Unterschied, ob eine Frau krank ist,
oder ob ihr etwas fehlt. *Sprichwort*

Frauen haben es nicht nötig,
ihre Männlichkeit zu beweisen. *Anonym*

Frauen haben eine Vorliebe dafür, Wunder
zu vollbringen, Felsen zu zertrümmern und
Charaktere zum Schmelzen zu bringen, die
anmuten, als seien sie aus Erz. *Honoré de Balzac*

In diesem Land machen die Frauen,
was sie wollen. Wir verehren sie.
Ohne sie würde die Welt nicht weiter bestehen.
Sie sind die Quelle des Lebens.
Sir Henry Rider Haggard

Eine Dame ist eine Frau, deren bloße Anwesenheit
zur Folge hat, dass sich Männer wie Herren
benehmen. *Henry Louis Mencken*

Die Frau ist grimmig, wenn sie greift,
ist ohne Schonung, wenn sie raubt.
Johann Wolfgang von Goethe

Ob die Weiber so viel Vernunft haben als die Männer, mag ich nicht entscheiden, aber sie haben ganz gewiss nicht so viel Unvernunft.

Johann Gottfried Seume

Denn gewiss ist es, das Männer von Natur bloß heiß oder kalt sind: Zur Wärme müssen sie erst gebildet werden. Aber die Frauen sind von Natur sinnlich und geistig warm und haben Sinn für Wärme jeder Art.

Friedrich Schlegel

Alles, was man über Frauen sagt, klingt irgendwie böse.

Mark Twain

Die vollkommene Frau hat einige kleine Disharmonien.

Maurice Chevalier

Echte Frauen
haben Kurven

Ein paar Wahrheiten
über das Schönsein

Lassen Sie sich nicht von irgendwelchen Castingshows oder Modezeitschriften verrückt machen. Sie bestimmen selbst, was schön ist. Und wenn Sie mal keine Lust haben, sich aufzubrezeln – dank ihrer Ausstrahlung können Frauen überhaupt nicht hässlich sein. Selbst an Bad-Hair-Days nicht. Übrigens, was die Männer angeht – die finden Frauen sowieso hübscher, wenn sie kein Bohnenstangenformat haben. Das ist wissenschaftlich erwiesen.

**Ich habe keine Farbe benutzt.
Ich habe mich moralisch zurechtgemacht.**
Eleonora Duse

**Es ist gar nicht leicht, so schön zu sein,
wie man aussieht.** *Sharon Stone*

**In ihrem schönsten Kleid wird es
keiner Frau zu kalt.** *Coco Chanel*

Echte Frauen haben Kurven. *Filmtitel*

**Der Pullover einer Frau sitzt richtig,
wenn die Männer nicht mehr atmen können.**
Zsa Zsa Gabor

**Ihre Kleider sollten so eng anliegen, dass man
sieht, Sie sind eine Frau, und so lose, dass man
sieht, Sie sind eine Dame.** *Anonym*

**Gut zurechtgemacht fürs Ausgehen ist eine Frau
dann, wenn ihr Begleiter lieber mit ihr zu Hause
bliebe.** *Olga Tschechowa*

**Ich werde die neuen Miniröcke dann tragen, wenn
die Männer im Spielanzug ins Büro kommen.**
Kathlyn Fury

**Die Pflege des Gesichts ist insofern typisch für
die Arbeit der Frau, als sie nie ein Ende nimmt.**
Mary Hamilton

**Die meisten Frauen sind von Natur so hübsch,
dass sie auch ohne Puder betören.** *Aus China*

Am schönsten sind die Frauen so, wie Gott sie
erschaffen hat – die Schneider können sie nur
verderben. *Paul Gauguin*

Dekolleté ist das Kunststück, so ausgezogen zu
sein, dass man immer noch für angezogen gilt.
Jeanne Moreau

Klugheit, hinter einem tiefen Ausschnitt
verborgen, kleidet Frauen besonders gut.
Charles Saunders

Ein Dekolleté ist jener schmale Grat, auf dem
der gute Geschmack balanciert, ohne herunter-
zufallen. *Coco Chanel*

Manchmal habe ich den Verdacht, Modeschöpfer
seien verkappte Karikaturisten. *Lil Dagover*

Die Natur macht Frauen verschieden –
die Mode macht sie gleich. *Christine von Schweden*

Die Natur übte erst mit Blumen, ehe sie die
Frauen schuf. *Emanuel Wertheimer*

Wenn man nicht weiß, was man zu einer
Gesellschaft anziehen soll, kommt man am
besten als Erste. Dann haben die anderen
das Gefühl, falsch angezogen zu sein.

Dagmar Koller

Die kluge Frau freut sich, wenn man sie für schön
hält. Die schöne Frau freut sich, wenn man sie für
klug hält. *Aus Norwegen*

Meine Kurven verdanke ich nur den Spaghetti.

Sophia Loren

Ich bin nicht dick. Ich bin nur zu klein für
mein Gewicht. *Anonym*

Wie sähe die Welt ohne Männer aus:
keine Verbrechen und lauter glückliche,
dicke Frauen! *Marion Smith*

Mit schlanken Frauen geben die Männer an.
Die Molligen nehmen sie mit nach Hause. *Régine*

Ich habe die ersten vierzehn Jahre meines Lebens
in dem Glauben verbracht, dass ich hässlich wäre.
Die Jugend ist für jeden schmerzhaft, ich weiß,
aber meine war einfach sonderbar.   *Uma Thurman*

Aus dem Bewusstsein, gut angezogen zu sein,
empfängt eine Frau mehr innere Ruhe als aus
religiösen Überzeugungen.   *Ralph Waldo Emerson*

Der tiefe Ausschnitt am Kleid einer Frau
bedeutet oft auch einen tiefen Einschnitt
im Leben eines Mannes.   *Peter Frankenfeld*

Ich bin kein Tier. Warum sollte ich also
meinen Busen in einen Käfig sperren?
    Anna Magnani

Von allen Frauen, deren Charme ich erlegen bin,
habe ich hauptsächlich Augen und Stimme in
Erinnerung.   *Marcel Proust*

Die Augen eines Frauenzimmers sind bei mir
ein so wesentliches Stück, ich sehe so oft danach,
denke mir so vielerlei dabei, dass, wenn ich nur
ein bloßer Kopf wäre, die Mädchen meinetwegen
nichts als Augen sein könnten.
    Georg Christoph Lichtenberg

Ein Künstler, der nicht eitel ist,
gleicht einem Weibe, das nicht gefallen will.
Beide sind langweilig. *Heinrich Laube*

Schönheit ohne Anmut ist ein Angelhaken
ohne Köder. *Ninon de Lenclos*

Was ist an einer Frau das Vollkommene?
Es ist die Anmut. *Li Yu*

Ein schönes Weib ist immer schön.
Johann Wolfgang von Goethe

Es gibt keine hässlichen Frauen.
Es gibt nur Frauen ohne die Fähigkeit,
sich hübsch zu machen. *Jean de La Bruyère*

Im Tierreich sind die Männchen schöner als
die Weibchen. Diesen Fehler hat Gott beim
Menschen korrigiert. *Claudia Bini*

Es gibt keine hässlichen Frauen,
es gibt nur gleichgültige. *Helena Rubinstein*

Um in Amerika als hübsch zu gelten,
musste man mindestens zehn Kilo Haare
und 64 Zähne haben.   *Elke Sommer*

In Hollywood gilt man schon als dick,
wenn Fußkettchen nicht um die Taille passen.
                                       Diane Keaton

Kalorien sind kleine Tierchen,
die über Nacht die Kleidung enger nähen.   *Anonym*

Die Mode ist ein Befehl,
den sich die Frauen wünschen.   *Senta Berger*

Eine Dame trägt keine Kleider. Sie erlaubt
den Kleidern, von ihr getragen zu werden.
                                       Yves Saint-Laurent

Die Schönheit ist der äußere Ausdruck
des erreichten Gleichgewichts mit sich selbst.
                                       Karoline von Günderrode

Schönheit ist ein Geschenk für einige Jahre,
aber kein Lebensinhalt.   *Lil Dagover*

Sich des Lebens zu freuen,
ist die beste Kosmetik für eine Frau.

Rosalind Russell

Die Weiber, sagt man, sind eitel von Hause aus;
doch es kleidet sie, und sie gefallen uns darum
desto mehr. *Johann Wolfgang von Goethe*

Mit der Eitelkeit eines Mannes kämen
zehn Frauen aus. *Dunja Rajter*

Schönheit: Die Macht, womit eine Frau
ihren Liebhaber bezaubert und
ihren Ehegatten in Schranken hält. *Ambrose Bierce*

Der Mann kann anziehen, was er will,
er bleibt doch das Accessoire der Dame. *Coco Chanel*

Der Kleiderschrank ist ein Möbelstück,
in dem Frauen, die nichts anzuziehen haben,
ihre Kleider aufbewahren. *Liv Ullmann*

Wenn man bedenkt, dass die Mode mit einem
Feigenblatt begonnen hat, sind wir schon fast
wieder am Anfang. *Claudia Cardinale*

Frauen sehen einfach besser aus als Männer, weil ...

... Intelligenz sexy ist.

... ihnen über Nacht keine Haare im Gesicht wachsen.

... sie wissen, was eine Badewanne ist.

... Größe bei ihnen nicht entscheidend ist.

... sie mehr Ahnung von Mode haben.

... sie mit Nagelfeilen umgehen können.

... sie sich die Haare nicht selbst schneiden. Und auch keinen Haarausfall haben.

Anonym

Auch ein verschlossener Schrank kann leer sein

Lieben ohne Leiden – doch, das geht!

Warum verlieben sich Frauen immer wieder in verschlossene Männer, „einsame Wölfe" und ähnlich bemitleidenswerte Gestalten? Eine Beziehung ist doch kein Entwicklungshilfeprogramm – in keiner Hinsicht! Denken Sie immer daran: Sie haben jemanden Besseres verdient. Lesen Sie aufmerksam dieses Kapitel, bevor Sie sich wieder in die freie Wildbahn begeben. Schließlich soll die Liebe doch vor allem glücklich machen – hin und wieder jedenfalls.

Wenn Sex die natürlichste Sache der Welt ist, warum gibt es dann so viele Ratgeber darüber?

Bette Midler

Ein Kuss kann Komma, Fragezeichen oder Ausrufezeichen sein. Das ist die grundlegende Zeichensetzung, die jede Frau beherrschen sollte.

Mistinguett

Es gehört Erfahrung dazu,
wie eine Anfängerin zu küssen. *Zsa Zsa Gabor*

Flirten ist etwas, wozu Frauen immer bereit sind,
solange andere Frauen zuschauen. *Oscar Wilde*

Ein Flirt ist wie eine Tablette: Niemand kann
die Nebenwirkung genau voraussagen.
Catherine Deneuve

Beim Flirten kommt es darauf an, eher
die Notbremse zu ziehen als die Konsequenzen.
Demi Moore

Keine Frau will den, den vor ihr keine gewollt hat.
Honoré de Balzac

Wenn du einen Mann geangelt hast,
wirf ihn zurück. *Graffito*

Der Widerstand einer Frau ist nicht immer
der Beweis ihrer Tugend. Oft ist er ein Beweis
ihrer Erfahrung. *Ninon de Lenclos*

Der Unterschied zwischen Mann und Frau
besteht darin, dass der Mann das Liebeswerben
als Sprint auffasst, die Frau als Hindernislauf.

Tom Jones

Die Männer haben keine Geduld, deshalb haben
sie den Reißverschluss erfunden. *Senta Berger*

Die Eroberungen der Männer schlagen häufiger
durch ihre eigene Tölpelhaftigkeit fehl als durch
die Tugendhaftigkeit der Frauen. *Ninon de Lenclos*

Richtig verwendet, sind Kleider vorzügliche
Waffen der Frau. Sich ausziehen bedeutet
Abrüstung. *Raquel Welch*

Ein Mann interessiert sich im Allgemeinen eher
für eine Frau, die sich für ihn interessiert, als für
eine Frau mit schönen Beinen – wer immer sie
auch sei. *Marlene Dietrich*

Flirtende Ehemänner am Strand sind keine
Gefahr, denn sie schaffen es nicht lange,
den Bauch einzuziehen. *Heidi Kabel*

In der Liebe halten die Bässe,
was die Tenöre versprechen.

Nellie Melba

Man sollte nur schöne Männer heiraten, sonst hat
man keine Aussicht, sie wieder loszuwerden.

Zsa Zsa Gabor

Der ideale Ehemann ist ein unbestätigtes Gerücht.

Brigitte Bardot

Ehemänner sind wie Sicherungen:
Wird die Spannung im Hause zu groß,
brennen sie durch.

Helen Vita

Mit vierzig Jahren haben Männer fast nur noch
Gewohnheiten; eine davon ist ihre Frau.

George Meredith

Für die Frau ist die Ehe eine Ausfahrt,
für den Mann ein Parkplatz.

Glenn Close

Die Frauen, die mit den Männern am besten
auskommen, sind dieselben, die auch wissen,
wie man ohne Männer auskommt.

Anonym

Am liebsten erinnern sich die Frauen an
die Männer, mit denen sie lachen konnten.

Anton Tschechow

Ich halte es für unmöglich, dass die Liebe sich
damit begnügt, auf der Stelle zu treten.

Teresa von Ávila

Männer lieben intensiver mit 20,
aber sie lieben besser mit 30.   *Katharina die Große*

Ehemänner finden es unlogisch, dass ihre Frau
mehrere Freundinnen hat, während sie selbst
keine einzige haben sollen.   *Alberto Sordi*

Ein Mann fühlt sich bereits frei,
wenn er nicht an der Leine zieht.   *Coco Chanel*

Einem Mann seinen Freiraum zu lassen, ist,
wie einem Hund einen Computer zu schenken:
Sehr wahrscheinlich wird er es nicht schaffen,
ihn weise zu nutzen.   *Bette-Jane Raphael*

Für den Mann ist jede Frau ein Rätsel, dessen
Lösung er bei der nächsten Frau sucht.

Jeanne Moreau

Über die Liebe lächelt man nur so lange,
bis sie einen selber erwischt hat. *Eleonora Duse*

Wenn Männer wüssten, was Frauen denken,
wären sie tausendmal kühner. *Pablo Picasso*

Schüchternheit ist die Begleiterin
großer Leidenschaften. *Madeleine de Fontaine*

Männer beichten nur das,
was man ihnen vorher verzeiht. *Anonym*

Solange die Männer nicht verheiratet sind,
sprechen sie nur von ihrem Herzen.
Später reden sie dann von der Galle und
der Leber. *Trude Hesterberg*

Es muss schon ein sehr guter Ehemann sein,
dass er besser ist als gar keiner. *Isotta Nogarola*

Warum wiegen verheiratete Frauen mehr als
alleinstehende Frauen? Alleinstehende Frauen
kommen nach Hause, sehen nach, was im Kühlschrank ist, und gehen ins Bett. Verheiratete
Frauen kommen nach Hause, sehen nach,
was im Bett ist, und gehen an den Kühlschrank.

Anonym

Die richtigen Männer sind entweder schon
verheiratet oder arbeiten zu viel. *Juliette Gréco*

In der Liebe sind wir immer die gutgläubigen
Wilden und die Frauen die geschickten Kaufleute.

Guy de Maupassant

Jeder Mann ist ein Manuskript,
das erst korrigiert werden muss. *Katharina die Große*

Ihr Männer, begegnet euren Frauen nicht wie
wilde Tiere, die übereinander herfallen, sondern
lasst einen Botschafter zwischen euch vermitteln:
Zärtlichkeiten und schöne Worte.

Abu Hamid Muhammad al-Ghazzali

Überall schätzt eine Frau einen Gentleman,
nur nicht im Bett. *Noël Coward*

Von allen sexuellen Abweichungen ist Keuschheit
wohl die sonderbarste. *Calista Flockhart*

Was ist ein unglücklicher Mann? Ein Problem,
das Frauen keine Ruhe lässt. *David Niven*

Auch ein verschlossener Schrank kann leer sein.
Sprichwort

Die weibliche Tugend ist die größte Erfindung
der Männer. *Jacqueline Bisset*

Höchste Tugendhaftigkeit ist nur
das Verlangen nach größerer Verführung.
Natalie Clifford Barney

Ich will geliebt sein oder ich will begriffen sein.
Das ist eins. *Bettina von Arnim*

Männer, die den Frauen den höchsten Respekt
entgegenbringen, kommen ihnen kaum sehr nahe.
Joseph Addison

Es ist leichter, sexy auszusehen, wenn man an
einen bestimmten Mann denkt.   *Marilyn Monroe*

Wenn eine Frau einen Mann auf Herz und Nieren
prüft, denkt sie dabei noch ein bisschen tiefer.
Helen Vita

Für mich sind Männer die schönsten und
gefährlichsten Raubtiere der Welt. Ich liebe sie,
wie der Dompteur seine Tiger liebt.   *Eartha Kitt*

Der Mann jagt der Frau nach –
bis sie ihn erwischt.   *Aus den USA*

Was uns zu einem Mann hinzieht,
bindet uns selten an ihn.   *Joan Collins*

Was muss eine Frau zuerst ausziehen,
um ihren Mann ins Bett zu bekommen? –
Den Stecker des Fernsehers.   *Anonym*

Wenn die Mädchen darauf warten wollen,
bis die jungen Männer zu einem Entschluss
kommen, würde die Menschheit bald aussterben.
Baldassare Castiglione

Wer Liebe sucht, findet sie nicht, sie überfällt uns, wenn wir sie am wenigsten erwarten.   *George Sand*

Alle großen Verführer beherrschen die Kunst, einer Frau beim Fallen so behilflich zu sein, dass sie sich nicht wehtut.   *Michel Simon*

Latinos sind sinnliche Enthusiasten. In Brasilien werfen sie Blumen auf dich, in Argentinien sich selbst.   *Marlene Dietrich*

Die Fantasie des Mannes ist die beste Waffe der Frau.   *Sophia Loren*

Es ist schwer, den, der uns bewundert, für einen Dummkopf zu halten.
Marie von Ebner-Eschenbach

Hüten Sie sich, einen Dummkopf zu heiraten!
Honoré de Balzac

Beim Liebesspiel ist es wie beim Autofahren: Die Frauen mögen die Umleitung, die Männer die Abkürzung.   *Jeanne Moreau*

In der Liebe gibt es zweierlei Sünden:
die lässlichen und die unerlässlichen.   *Helen Vita*

Lasse einem Mann eine Hand frei, und er wird
sie überall auf dir spazieren führen.   *Mae West*

Ich kann in zwölf Sprachen Nein sagen.
Das ist unerlässlich für eine Frau,
die weit herumkommt.   *Sophia Loren*

Frauen wollen durchschnittliche Männer haben,
und die Männer tun alles, um so durchschnittlich
als möglich zu sein.   *Margaret Mead*

Zwischen Mann und Frau gibt es keine Chancen-
gleichheit: Ein Mann hat immerhin die Chance,
eine Frau zu bekommen. Und was bekommen
wir Frauen? Höchstens einen Mann.   *Anonym*

Nur im Urlaub gibt es die ewige Liebe für
vierzehn Tage.   *Uschi Glas*

Kein Mann verliebt sich in mich,
wenn ich es nicht wünsche.   *Marlene Dietrich*

Frauen mögen stürmische Typen lieber
als windige.

Anonym

Wenn eine Frau sich empört, weil man ihr
einen Kuss geraubt hat, soll man ihn sofort
zurückgeben.

Jean-Paul Belmondo

Eine Frau, die sich verführen lässt,
kapituliert vor sich selbst, nicht vor dem Mann.

Anonym

Frauen lassen einen Mann nur deshalb warten,
weil sie damit seine Vorfreude vergrößern wollen.

Hannelore Elsner

Eine Frau, die zu einem Rendezvous nicht zu spät
kommt, kommt zu früh.

Françoise Hardy

Eine Frau, die pünktlich zum Rendezvous
kommt, ist auch sonst nicht sehr zuverlässig.

Juliette Gréco

Ich komme eigentlich nie zu spät, die anderen
haben es bloß immer so eilig.

Marilyn Monroe

Wenn man das erotische Verhalten der Männer heute betrachtet, ist es durchaus denkbar, dass Frauen eines Tages auch einen Computer lieben könnten, der Unterschied wäre nicht groß.

Anna Magnani

Jeder Mann sollte mindestens einmal im Leben die Zunge eines anderen Mannes im Mund gehabt haben. Nur dann kann er mitreden. *Madonna*

Das Letzte, was eine Frau an der Liebe interessiert, ist die Theorie. *Alfred Charles Kinsey*

Männer, die den Frauen nicht auf halbem Wege entgegengehen, werden das Opfer von Frauen, die ihnen auf halbem Wege entgegenkommen.

Walter Bagehot

Liebende Frauen verzeihen eher große Zudringlichkeiten als kleine Treulosigkeiten.

François de La Rochefoucauld

Es ist für einen Mann beunruhigend, wenn er anfängt, auf Frauen beruhigend zu wirken.

Jean Gabin

Wenn du die Stelle gefunden hast, an der eine
Frau gern berührt wird, solltest du nicht mehr
Hemmungen davor haben, sie dort zu berühren,
als sie selbst.

Ovid

Frauen können vielleicht einen Orgasmus
vortäuschen. Aber Männer können ganze
Beziehungen vortäuschen.

Sharon Stone

Wenn die Liebe die Antwort ist, könnten Sie
die Frage dann bitte umformulieren?

Lily Tomlin

Wir wissen immer nur, wie eine Frau uns liebt,
aber wir erfahren nie, wie sie einen anderen
lieben könnte.

Arthur Schnitzler

Es gibt Frauen, die ihre Männer mit einer ebenso
blinden, schwärmerischen und rätselhaften Liebe
lieben wie Nonnen ihr Kloster.

Marie von Ebner-Eschenbach

Ich habe wenig Hoffnung für die Frau,
solange sie nicht erkennt, dass aus Liebe zu
sterben, eher schändlich als bemitleidenswert ist.

Caroline Wells Dall

Frisch erhält sich nur eine Liebe, der auch
ein bisschen Kühle beigemischt ist.   *Michèle Morgan*

Eine Ehe funktioniert am besten, wenn beide
Partner ein bisschen unverheiratet bleiben.
Claudia Cardinale

Und wenn du mein Mann nicht wärest, wie sehr
würde ich mich sehnen, eine Liebschaft mit dir
anzufangen.   *Bettina von Arnim*

Fordert das denn die Liebe, dass man werde wie
der andere? Nein und tausendfach nein.
Paula Modersohn-Becker

In der Ehe ist es wichtig, dass man versteht,
harmonisch miteinander zu streiten.   *Anita Ekberg*

Wohlerzogene Ehemänner kommen
ihren Frauen nicht mit Fragen.   *Honoré de Balzac*

Ich wusste, wie schlecht die Männer sind,
aber ich wusste nicht, wie alltäglich und
gleich sie alle sind.   *George Sand*

Die Unterschiede zwischen Ehemännern sind so
gering, dass man ruhig den ersten behalten kann.

Adela Rogers St. John

Der Charakter einer Frau zeigt sich nicht,
wo die Liebe beginnt, sondern wo sie endet.

Rosa Luxemburg

Manche Frau will nichts mit einem verheirateten
Mann zu tun haben – lieber lässt sie sich scheiden.

Anonym

Fast jede Frau wäre gerne treu. Schwierig ist
es bloß, den Mann zu finden, dem man treu
sein kann.   *Marlene Dietrich*

Wir Frauen verlieben uns immer
in den gleichen Typ von Mann.
Das ist unsere Form der Monogamie.   *Lauren Bacall*

Ich bin nur auf One-Night-Stands aus.
Aber immer mit dem gleichen Typ!   *Nora Tschirner*

Ich habe nur mit Männern geschlafen,
mit denen ich verheiratet war. Wie viele
Frauen können das von sich behaupten?

Eizabeth Taylor

Wenn einem die Treue Spaß macht,
dann ist es Liebe.

Julie Andrews

Frauen erinnern sich noch an den ersten Kuss,
wenn der Mann den letzten schon vergessen hat.

Rémy de Gourmond

Es ist das Ziel jeder Frau, den Mann zu
dem zu machen, was er vor der Hochzeit
zu sein behauptet hatte.

Micheline Presle

Ein Ehemann ist Rohstoff, kein Fertigprodukt.

Grete Weiser

Den perfekten Mann gibt es – in Heiratsanzeigen!

Anonym

Eine Heirat geht ja furchtbar schnell, nur die
Scheidung ist immer so zeitraubend.

Brigitte Bardot

Manche Ehe gilt nur deshalb als gut, weil beide
Partner ungewöhnlich begabte Schauspieler sind.

Vanessa Redgrave

In einer Partnerschaft muss eine Frau einige
Dinge lernen, die sie schon kann.   *Elke Sommer*

Die Frau, die ihren Mann nicht beeinflussen
kann, ist ein Gänschen; die Frau, die ihn nicht
beeinflussen will – eine Heilige.

Marie von Ebner-Eschenbach

Als Vorspeise mögen die Frauen eine Provokation,
aber als Dessert bevorzugen sie das Kompliment.

Sascha Guitry

Die Frau, die man liebt, riecht immer gut.

Sully Prudhomme

Eine Frau ist nicht immer glücklich mit dem,
den sie liebt, aber sie ist immer unglücklich mit
dem, den sie nicht liebt.   *Claude Tillier*

Einer jungen Braut rate ich zweierlei. Erstens, sie sollte ihrem Mann sagen, dass sie pro Woche einen Weiberabend braucht. Und zweitens, sie sollte diesen Abend keinesfalls mit Weibern verschwenden.

Tina Turner

Im ersten Ehejahr strebt der Mann die Vorherrschaft an. Im zweiten kämpft er um die Gleichberechtigung. Ab dem dritten ringt er um die nackte Existenz.

George Bernard Shaw

Die Frau erhält den Namen ihres Mannes in der Stunde der Heirat. Der Mann erhält den Namen seiner Frau in der Stunde der Pleite.

Anonym

Liebe ist der für manche Männer unvorstellbare Zustand, in dem man bereit ist, die Frau im Singular zu akzeptieren.

Georges Courteline

Alle Männer sind auf der Suche nach der idealen Frau – vor allem nach der Hochzeit.

Yoko Ono

Die Ehe ist ein viel zu interessantes Experiment, um es nur einmal zu versuchen.

Rita Hayworth

Manchmal nachts, allein, wache ich auf, und mich friert. Dann wünsche ich mir einen Automaten, in den man eine Münze steckt – und ein Kerl kommt raus, der mich wärmt.
Whoopi Goldberg

Ach Mädels, schenkt Katzen, Pudeln, Papageien oder Schoßhündchen eure Zuneigung, aber lasst die Finger von der Ehe. Es gibt keine mühsamere Art, seinen Lebensunterhalt zu verdienen.
Fanny Fern

Es wird für einen Mann immer unfassbar bleiben, dass eine Frau einen Heiratsantrag zurückweisen könnte.
Jane Austen

Die Ehe ist nur vor der Heirat angenehm.
George Sand

Die Liebe überwindet den Tod – aber es kommt vor, dass eine kleine, üble Angewohnheit die Liebe überwindet.
Marie von Ebner-Eschenbach

Ich frage mich manchmal, ob Männer und Frauen wirklich zueinanderpassen. Vielleicht sollten sie einfach nebeneinander wohnen und sich nur ab und zu besuchen.
Katherine Hepburn

Heiraten heißt für eine Frau so viel wie im Winter ins Wasser springen: Hat sie's einmal getan, dann denkt sie ihr Lebtag daran. *Maxim Gorki*

Nichts ist beglückender, als den Menschen zu finden, den man den Rest des Lebens ärgern kann. *Agatha Christie*

Die Ehe ist eine Einrichtung zur Erzeugung gemeinsamer Gewohnheiten. *Tilla Durieux*

Glück in der Ehe ist eine Sache des Zufalls. *Jane Austen*

Mancher Ehemann sollte öfter in den Spiegel schauen, dann würde er erkennen, dass seine Frau ihn trotzdem geheiratet hat. *Linda Spear*

Ich bewundere, mit welcher Feinheit und Sicherheit Frauen gewisse Einzeldinge zu beurteilen verstehen; aber einen Augenblick später heben sie einen Hohlkopf in den Himmel, lassen sich durch einen faden Schmeichler zu Tränen rühren und nehmen einen Wichtigtuer ernstlich für einen Charakter. Ich kann dergleichen Albernheit nicht begreifen. *Stendhal*

Ich kannte eine Frau, die sich scheiden lassen
wollte, um nicht die Frau eines betrogenen
Ehemannes zu sein. *Georges Courteline*

Eine Frau von Welt bleibt selten die Frau
ihres Ehemannes. *Carmen Sylva*

Eine Frau hat immer das letzte Wort in einem
Streit. Wenn ein Mann dann noch etwas sagt,
ist das der Beginn eines neuen Streits.
Jean-Paul Belmondo

Viele Frauen beneiden ihren Mann,
weil er so glücklich verheiratet ist. *Aus Finnland*

Wenn zwei Menschen sich lieben,
ärgern sich die anderen. *Annette von Droste-Hülshoff*

Welch eine schwere Kunst ist die Liebe! Wer kann
sie verstehen? Und wer muss ihr nicht folgen?
Susette Gontard

Wenn wir lieben, sind die Wörter zu klein
für unsere zu große Seele. *Suzanne Necker*

Es sind nicht die schlechtesten Ehen, wenn ein
Blitz mit einem Blitzableiter verheiratet ist.

Tilla Durieux

Unser Leben besteht aus Liebe, und nicht mehr zu
lieben heißt, nicht mehr zu leben. *George Sand*

Ein emanzipierter Mann hat genug Herz und
Ideale, um sich eine Gefährtin zu wünschen,
mit der er seine Gefühle und Gedanken
austauschen und die ihn bereichern kann.

Jenny d'Hericourt

Die Liebe ist eine Leidenschaft, die sich nichts
anderem beugt, der sich hingegen alles andere
unterwirft. *Madeleine de Scudéry*

Liebe ist jener seltsame Zustand, den alle
belächeln, bevor sie von ihm befallen werden.

Virna Lisi

Verstehen ist lieben; was wir nicht lieben,
das verstehen wir nicht; was wir nicht verstehen,
ist nicht für uns da.

Bettina von Arnim

Der Mann weiß nicht, wie er Schluss machen soll.
Die Frau weiß nicht, wann sie Schluss machen
soll.

Helen Rowland

Wenn Liebe in Freundschaft übergeht,
kann sie nicht sehr groß gewesen sein.

Katherine Hepburn

In unserer Familie lassen wir uns nicht von
den Männern scheiden. Wir begraben sie.

Ruth Gordon

Zehn Gründe, warum eine Salatgurke besser ist als ein Mann:

1. Die durchschnittliche Länge beträgt 25 Zentimeter.

2. Eine Salatgurke würde dir niemals erzählen, dass Größe nicht zählt.

3. Salatgurken bleiben eine ganze Woche hart.

4. Du kannst eine Salatgurke im Supermarkt zunächst betasten, um festzustellen, wie fest sie ist, bevor du sie mitnimmst.

5. Eine Salatgurke akzeptiert auch, dass du am Morgen deine Ruhe haben willst.

6. Eine Salatgurke wird niemals fragen: „Bin ich der Beste?"

7. Eine Salatgurke würde niemals anderen Salatgurken erzählen, dass du keine Jungfrau mehr bist.

8. Eine Salatgurke würde dich niemals zwingen, Reizwäsche zu tragen oder mit Stiefeln ins Bett zu gehen.

9. Eine Salatgurke ist niemals eifersüchtig auf deinen Masseur oder Friseur.

10. Du kannst so viele Salatgurken haben, wie du willst.

Anonym

Die Hennen legen die Eier

Selbstbewusst durchs Arbeitsleben

Die Hauptsache ist, dass Sie wissen, wie gut Sie sind. Umso überzeugender werden Sie nämlich auf andere wirken. Die richtige Portion Selbstwertgefühl ist im Job wichtiger als die soundsovielte Fortbildung. Dass Sie außerdem auch über Können und Wissen verfügen, ist doch klar. Und wenn Sie wirklich mal bluffen – Glückwunsch! Das zeigt nur, dass Sie das Prinzip verstanden haben. Die Männer, da seien Sie sicher, bluffen nämlich längst.

Wenn ein Mann Karriere macht, fragt kein Mensch: Und was machen Sie mit Ihren Kindern?
Senta Berger

Was ich bin, habe ich dadurch erreicht, dass ich ekelhaften Leuten zur rechten Zeit gesagt habe, sie sollten sich zum Teufel scheren. *Leslie Caron*

Es gibt keinen Erfolg ohne Frauen. *Kurt Tucholsky*

Der Beginn einer Karriere ist ein Geschenk
der Götter. Der Rest ist harte Arbeit.   *Fritzi Massary*

Wenn ich gut bin, bin ich sehr gut,
aber wenn ich schlecht bin, bin ich besser.

Mae West

Ich verstehe nicht, warum es verwerflich sein soll,
ein Dilettant zu sein – wenn man wenigstens ein
mitfühlender und erfahrener ist. Ich schätze
meinen Dilettantismus.   *Margaret Anderson*

Eine Frau wird an dem Tage dem Mann wirklich
gleichberechtigt sein, an dem man auf einen
bedeutenden Posten eine inkompetente Frau
beruft.   *Françoise Giroud*

Wenn du glaubst, du schaffst es, hast du recht.
Wenn du glaubst, du schaffst es nicht, hast du
auch recht.   *Anonym*

Selbst denken ist der höchste Mut. Wer wagt,
selbst zu denken, der wird auch selbst handeln.

Bettina von Arnim

Nur auf das, was ich selber tue, kann ich rechnen.

Rosa Luxemburg

**Ich finde es nicht der Mühe wert,
die Dinge halb zu tun.** *Thérèse von Lisieux*

**Durch das Zu-viel-Arbeiten sündigt man
am Leben und an der Arbeit selber.**

Paula Modersohn-Becker

**Ich halte mir doch keinen Hund,
um dann selber zu bellen.** *Elizabeth I. von England*

**Frauen geben Fehler leichter zu als Männer,
darum sieht es so aus, als machten sie mehr.**

Gina Lollobrigida

**Wer eine Frau unterschätzt hat,
wird das nie wieder tun.** *Sir Alec Guinness*

**Ich lasse mir den Glauben nicht nehmen,
dass manche Männer mir ebenbürtig sind.**

Brigid Brophy

Männer haben Angst vor mir, und das ist gut so.
Catherine Deneuve

Wenn eine Frau die Hosen anhat,
hat sie ein Recht darauf. *Aus den USA*

Ich trage immer Hosen wegen der Dornen und
weil es vielleicht Schlangen gibt. *Katherine Hepburn*

Mein lieber Gatte, eins möchte ich klarstellen:
Das hier ist mein Betrieb. Du arbeitest hier nur.
Elizabeth Arden

Frauen sind schwer zu regieren. *Martin Luther*

Wenn du willst, dass etwas gesagt wird, frage
einen Mann; wenn du willst, dass etwas getan
wird, frage eine Frau. *Margaret Thatcher*

Ich verstehe nicht, warum man über geschäfts-
tüchtige Frauen die Nase rümpft. Soweit ich weiß,
ist Geschäftstüchtigkeit kein sekundäres männ-
liches Geschlechtsmerkmal. *Jane Fonda*

Eine gescheite Frau hat Millionen geborene
Feinde: alle dummen Männer.

Marie von Ebner-Eschenbach

Netzwerkbildung heißt, noch ganz lange zusam-
menzusitzen und zu saufen. *Annette Schavan*

Je größer der Schreibtisch, desto kleiner der
Mann, der dahinter sitzt. *Dominik Tatarka*

Am Anfang aller großen Dinge steht eine Frau.

Horace Walpole

Wenn es etwas gibt, was die Welt hasst,
so ist es eine Frau, die sich um ihre eigenen
Angelegenheiten kümmert. *Calamity Jane*

Wer nach seiner Überzeugung handelt, und sei sie
noch so mangelhaft, kann nie ganz zugrunde
gehen. *Annette von Droste-Hülshoff*

Treue ist nie etwas Selbstverständliches,
im Beruf so wenig wie in der Ehe. *Elly Heuss-Knapp*

Die Frauen haben eine gewandte Zunge; sie reden viel eher, viel leichter und viel angenehmer als die Männer.
Jean-Jacques Rousseau

Die Männer haben oft recht, aber die Frauen behalten recht, das ist viel wichtiger. *Jeanne Moreau*

Männer kann man überreden,
Frauen muss man überzeugen. *Barbra Streisand*

Frauen, die so gut sein wollen wie Männer, haben irgendwie nicht genug Ehrgeiz. *Sprichwort*

Es liegt in der Natur der Frauen, das Unmögliche durch das Mögliche zu beweisen. *Honoré de Balzac*

Ich sehe den Erfolg nicht im Theaterapplaus, eher in der zufriedenen Betrachtung des Vollendeten.
Anna Pawlowa

Die Frau hat ihr Licht vom Mann wie die Sonne vom Mond. *Anonym*

Der Hahn mag krähen, aber die Hennen legen
die Eier.   *Margaret Thatcher*

Wo wäre die Macht der Frauen,
wenn die Eitelkeit der Männer nicht wäre?
                              Marie von Ebner-Eschenbach

Selbst gute und kluge Männer verlieren
die Besinnung, wenn es sich um eine
Frauenfrage handelt.   *Bertha Pappenheim*

Wenn ein Mann zurückweicht, weicht er zurück.
Eine Frau weicht nur zurück, um besser Anlauf zu
nehmen.   *Zsa Zsa Gabor*

Wenn du etwas gut gemacht haben willst, dann
besorg dir dafür ein paar gestandene Weibsbilder.
                                            Bette Davis

Auch die schwächste Frau ist noch stark genug,
um mehrere Männer auf den Arm zu nehmen.
                                       Trude Hesterberg

Männer können durch ihre Beständigkeit
ermüden, Frauen niemals. *Honoré de Balzac*

Vieles, was Männer tun, ist von Frauen erdacht,
und das meiste, was sie nicht tun, ist von Frauen
verhindert. *Ludwig Friedrich Barthel*

Gute Frauen sind besser als gute Männer.
Böse Frauen sind böser als böse Männer.
Marcel Achard

Mit Frauen soll man sich nie unterstehen
zu scherzen. *Johann Wolfgang von Goethe*

Ich werfe unserer Zeit vor, dass sie starke
und zu allem Guten begabte Geister zurückstößt,
nur weil es sich um Frauen handelt.
Teresa von Ávila

Es stört mich nicht, was meine Minister sagen –
solange sie tun, was ich ihnen sage.
Margaret Thatcher

Ich habe bei offiziellen Anlässen immer darauf geachtet, dass meine Brustwarzen nicht zu erkennen waren. Ich hatte Angst, die alten Männer würden sonst einen Herzanfall kriegen.

Margret Trudeau

Die selbstsichere Frau verwischt nicht den Unterschied zwischen Mann und Frau – sie betont ihn.

Coco Chanel

Frauen sollten nicht besser sein müssen als Männer, um als menschliche Wesen betrachtet zu werden.

Golda Meir

Man muss halt besser sein als die Männer. Das ist nicht schwierig.

Charlize Theron

Ich möchte so leben, dass ich sowohl mit den Händen als auch mit dem Gefühl und dem Verstand arbeite.

Katherine Mansfield

Die Ruhe, die Tatenlosigkeit ist gut und reizend, aber das Schaffen, das Hervorbringen hat tausendfältiges Lächeln.

Sophie Mereau

Frauen müssen lernen, dass man Macht nicht
geschenkt bekommt. Man nimmt sie sich einfach.

Roseanne Barr

Man tut eben, was man kann, und legt sich
dann schlafen. Und auf diese Weise geschieht es,
dass man eines Tages etwas geleistet hat.

Paula Modersohn-Becker

Viele Frauen betrachten Disziplin als eine Last.
Für mich ist sie eine Art Ordnung, die befreit.

Julie Andrews

Gehorchen wird jeder mit Genuss den Frauen,
den hoch geschätzten.
Dagegen machen uns meist Verdruss
die sonstigen Vorgesetzten.

Wilhelm Busch

Kleiner Mann, kleiner Mann, das Wort „müssen"
ziemt sich nicht, wenn man mit Fürsten spricht.

Elizabeth I. von England

Ich bin verzagt, wenn Weiber vor mir zittern.

Friedrich Schiller

Frauen altern mit Rabatt

Wir nähern uns sowieso immer den 40

Ums Älterwerden kommt niemand herum – es sei denn, er ist schon tot. Dann machen wir doch besser aus der Not eine Tugend und nehmen uns vor, faszinierende alte Damen zu werden. Wetten, man wird uns lieben? Ach ja, und wegen der paar Falten, die das Ganze mit sich bringt, sollten Sie sich keine grauen Haare wachsen lassen. Schließlich spricht aus jeder einzelnen Falte eine Menge Lebenserfahrung, und die wiederum ist es, die Sie so interessant macht ... siehe oben.

Ich habe den Kampf gegen die Falten aufgegeben, weil nichts so viele Falten macht wie der Kampf gegen die Falten. *Liv Ullmann*

Wer mit 70 eine reizvolle alte Dame sein möchte, muss als 17-jähriges Mädchen damit anfangen.
Agatha Christie

Eine Frau wird älter, aber nicht alt.
Christian Friedrich Hebbel

Es gibt kein Verbot für alte Weiber,
in die Bäume zu klettern.

Astrid Lindgren

Alt fühlt man sich nur dann, wenn man Dinge
bereut, die man falsch gemacht hat.

Sophia Loren

Wer sein Alter verbirgt,
schafft seine Erinnerungen ab.

Arletty

Alt werden ist kein Job für Feiglinge.

Bette Davis

Jung sein ist schön; alt sein ist bequem.

Marie von Ebner-Eschenbach

Wahre Schönheit und Weiblichkeit sind alterslos
und nicht künstlich herstellbar.

Marilyn Monroe

Eine Frau kann mit 19 entzückend sein,
mit 29 hinreißend. Aber erst mit 39 ist sie
absolut unwiderstehlich. Und älter als 39 wird
keine Frau, die einmal unwiderstehlich war.

Coco Chanel

Frauen im mittleren Alter sollten nicht traurig
sein – auch in der Geschichte kommt nach
dem Mittelalter die Neuzeit.   *Vera Tschechowa*

Männer altern normal, Frauen mit Rabatt.
      Jeane Luriot

Ein Mann von dreißig sieht jünger aus als eine
Frau von dreißig, und zwar deshalb, weil eine
Frau von dreißig schon vierzig ist.   *Marcel Achard*

Frauen über dreißig sind die besten. Männer über
dreißig sind nur zu alt, um es zu bemerken.
      Jean-Paul Belmondo

Die Frau lebt länger als der Mann, vor allem,
wenn man bedenkt, wie lange sie dreißig ist.
      Ugo Tognazzi

Mit 30 ist man gerade alt genug, um zu wissen,
was man tut. Und noch jung genug, um es trotzdem zu tun.   *Brigitte Bardot*

Frauen nähern sich immer den 40 –
zuerst von der einen, dann von der anderen Seite.
      Billy Wilder

Es gibt keine Frau, die dreißig Jahr alt wäre. Aus den Zwanzigern geht's gleich in die Vierzig. Auch habe ich noch keine Frau gefunden, die fünfzig Jahr alt war; aus den Vierzigern geht's gleich in die Sechzig.

Heinrich Heine

Auch mit 60 kann man aussehen wie mit 40, nur dauert es etwas länger.

Karin Dor

Der Geburtsschein ist ein Gerücht, das eine Frau durch ihr Aussehen jederzeit dementieren kann.

Marlene Dietrich

Das Geheimnis der ewigen Jugend liegt darin, aufrichtig zu leben, langsam zu essen und über sein Alter zu schwindeln.

Lucille Ball

Es gibt Frauen, die von Jahr zu Jahr unschuldiger werden.

Greta Garbo

Alternde Frauen sind wie Kathedralen: Je älter sie werden, desto weniger fällt das einzelne Jahr ins Gewicht.

Agatha Christie

Für eine Frau wird das Leben verdrießlich,
wenn man ihr keine Dummheit mehr zutraut.

Sidonie-Gabrielle Colette

Nicht ich werde älter,
sondern mein Kameramann.

Doris Day

Gott ist leider nicht galant. Sonst hätte er uns
die Falten an die Fußsohlen gemacht und nicht
ins Gesicht.

Ninon de Lenclos

Ich bin stolz auf die Falten.
Sie sind das Leben in meinem Gesicht.

Brigitte Bardot

Alternde Frauen sollten bedenken, dass ein Apfel
nichts von seinem Wohlgeschmack verliert, wenn
ein paar Fältchen die Schale kräuseln.

Auguste Brizeux

Ich bin nun in das Alter gekommen, in dem ich
erst mein Gebiss und mein Hörgerät nötig habe,
um zu fragen, wo meine Brille ist.

Tina Turner

Eine Frau ist nur so alt, wie sie aussieht, falls es
nicht eine andere Frau ist, die sie ansieht.

Anonym

Je älter man wird, desto mehr ähnelt die Geburts-
tagstorte einem Fackelzug. *Katharine Hepburn*

Wir werden alt, unsere Eitelkeit wird immer
jünger. *Marie von Ebner-Eschenbach*

Eines lässt sich nicht bestreiten:
Witwen leben länger als ihre Männer. *Ingrid Steeger*

Eine Frau, die ihr wahres Alter verrät,
ist fähig, alles zu verraten. *Oscar Wilde*

Nichts gibt Frauen eine königlichere Haltung als
das Bewusstsein, dass sie ihr Alter besiegt haben.

Arthur Schnitzler

Die Mütter haben Augen wie ihre Töchter
und überdies Erfahrung. *Jean-Jacques Rousseau*

Wir werden erst mit fünfzig in der Blüte unseres
Lebens stehen und danach noch mindestens
zwanzig Jahre zu was taugen. *Elizabeth Cady Stanton*

Allgemein wird behauptet, dass Balletttänze-
rinnen über neunzig Jahre alt werden.
Das ist nicht unbedingt angenehm. *Margot Fonteyn*

Ein Mann ist dann vollkommen, wenn er nie
den Geburtstag seiner Frau übersieht, dabei
aber stets ihr Alter vergisst. *Anonym*

Wir werden nicht älter mit den Jahren,
wir werden neuer jeden Tag. *Emily Dickinson*

Alter schützt vor Liebe nicht,
aber Liebe vor dem Altern. *Coco Chanel*

Erst dann hört man auf, jung zu sein, wenn ein
Verlangen nach dem andern Abschied nimmt oder
totgemacht wird. *Franziska zu Reventlow*

Eine fortschrittliche Frau fortgeschrittenen Alters
kann keine Macht der Welt im Zaume halten.

Dorothy Sayers

Den seelischen Wert einer Frau erkennst
du daran, wie sie zu altern versteht.

Christian Morgenstern

Ich verstehe nicht, warum so viele Frauen
darunter leiden, dass sie schon wieder ein Jahr
älter geworden sind. Nicht mehr ein Jahr älter zu
werden – das wäre die Katastrophe.   *Liv Ullmann*

Freundin und Feindin in einer Person

Austeilen statt einstecken

Traurig, aber wahr: Unter Frauen kann es manchmal ganz schön fies zugehen. Wenn Zickenalarm herrscht, sollten Sie deshalb wissen, wie Sie sich wehren. Am besten, Sie legen sich rechtzeitig einen kleinen Vorrat an Gemeinheiten zu, die Sie bei Bedarf großzügig verteilen können. Kleiner Tipp: Am treffsichersten sind Sprüche, die auf den ersten Blick wie Komplimente aussehen.

Was nutzt es dir, ein dummes, hässliches Mauerblümchen zu sein, wenn du dabei nicht glücklich bist? *Anonym*

Eine Optimistin ist eine Frau, die Fettpölsterchen für Kurven hält.
Françoise Hardy

Die meisten Frauen sind erst dann glücklich, wenn die Schuhe noch stärker drücken als die Männer. *Jimmy Durante*

Nichts ist kläglicher als Humor in zu engen
Schuhen.   *Annette von Droste-Hülshoff*

Viele Frauen sind imstande, einen Tag lang von
nichts anderem zu leben als von einem hübschen
Kompliment und einem hässlichen Gerücht.
Peter Sellers

Sie trug gestern Abend zu viel Rouge und zu wenig
Kleid. Das ist bei Frauen immer ein Zeichen von
Verzweiflung.   *Oscar Wilde*

Schöne Frauen haben seit undenklichen Zeiten
das Vorrecht, dumm sein zu dürfen.
Ida von Hahn-Hahn

Manche Frauen haben die ganze Brust voll Hirn.
Madame de Pompadour

Die Ziege hat viel Ähnlichkeit mit dem mensch-
lichen Herzen. Beide machen gern große Sprünge.
Aus Malawi

Der Teufel verschluckte eine Frau,
aber er konnte sie nicht verdauen.   *Aus Polen*

Klauen deine Eltern?
Du siehst so mitgenommen aus.   *Anonym*

Man kann viel Arbeit erledigen,
wenn man sonst nichts zu tun hat.   *Anonym*

Geduld mit der Streitsucht der Einfältigen!
Es ist nicht leicht zu begreifen, dass man
nicht begreift.   *Marie von Ebner-Eschenbach*

Die Sonne ist nicht verschwunden,
weil die Blinden sie nicht sehen.
                                   Birgitta von Schweden

Die Dummheit findet nur an sich selber Behagen,
die Weisheit kann nie genug erfragen.
                                   Mechthild von Magdeburg

Die Dummheit drängt sich vor, um gesehen zu
werden. Die Klugheit steht zurück, um zu sehen.
                                   Carmen Sylva

Die Lüge ist außen schön und
innen hässlich gesponnen.   *Mechthild von Magdeburg*

Wer einen Aal beim Schwanz
Und Weiber fasst bei Worten,
Wie feste der gleich hält,
Hält nichts an beiden Orten.   *Friedrich von Logau*

Ein schlechter Mensch kennt sich selbst am
besten.   *Aus Botswana*

Frauen, die jede Modeschöpfung zuerst tragen
wollen, sind meistens jene, die es bleiben lassen
sollten.   *Yves Saint-Laurent*

Wenn jemand ein Windhund ist, sollte er sich
nicht bemühen, wie ein Pekinese auszusehen.
Edith Sitwell

Das Heulen ist das Geschäft der Schwäche.
Rosa Luxemburg

So mancher meint, ein gutes Herz zu haben,
und hat nur schwache Nerven.

Marie von Ebner-Eschenbach

Einige Frauen lassen sich von nichts erregen –
und heiraten es dann. *Cher*

Es gibt Frauen, die Darwin völlig falsch verstanden haben: Sie machen aus jedem Mann einen
Affen. *Carola Höhn*

Wo Weiber sind, da ist Verwirrung. *Aus Indien*

Die Frauen sind solche Lügnerinnen, dass man
selbst das Gegenteil von dem, was sie sagen, nicht
glauben kann. *Georges Courteline*

Bei den meisten Erfolgsmenschen ist der Erfolg
größer als die Menschlichkeit. *Daphne du Maurier*

Der Böse läuft vor seinem eigenen Schatten.

Annette von Droste-Hülshoff

So bös' ist keine Schlang' in ihrem Grimm,
wenn man ihr auf den Schwanz tritt noch so
schlimm, wie eine Frau, wenn sie in Wut gerät,
weil dann ihr Sinnen nur auf Rache geht.

Geoffrey Chaucer

Manche Frauen gleichen jenen Wesen, die jeder
kosten will, keiner aber täglich auf dem Tisch
haben möchte. *Sophie de Arnauld*

Allüren sind nur etwas für Unfertige.

Audrey Hepburn

Der Narr ist der, der erwartet,
dass Dinge geschehen, die nie geschehen.

George Eliot

Wer von der Hoffnung lebt,
wird wenigstens nicht dick. *Tilla Durieux*

Das Leben ist eine Kunst,
in der es leider zu viele Dilettanten gibt.

Carmen Sylva

Eine Frau kann nur von einer Frau durchschaut
werden. *Honoré de Balzac*

Man kann eher ganz Europa versöhnen als zwei
Frauen. *Ludwig XIV.*

Niemand erfreut sich mehr an Rache als
eine Frau. *Juvenal*

Es gibt ein geheimes Band zwischen den Frauen;
sie hassen einander, aber sie nehmen einander in
Schutz. *Denis Diderot*

Eine Frau ist verloren, wenn sie Angst vor ihrer
Rivalin hat. *Marie-Jeanne du Barry*

In einer Sache wenigstens sind sich Mann und
Frau einig: Sie misstrauen den Frauen. *Jean Genet*

Wenn zwei schöne Frauen nebeneinandersitzen,
zieht es. *Marlene Dietrich*

Wenn Frauen einander umarmen, dann ist das
so ehrlich gemeint wie die Begrüßung der Boxer
im Ring.   *Annemarie Düringer*

Niemand kann einen anderen mit so aufmerk-
samer Achtlosigkeit betrachten, wie Frauen
einander ansehen.   *Baldassare Castiglione*

Die Wahrheit über eine Frau erfährt man
entweder von ihrer besten Freundin oder
von ihrer ärgsten Feindin – und manchmal ist
das dieselbe Person.   *Vittorio de Sica*

Wie schlecht auch ein Mann über die Frauen
denken mag, es gibt keine Frau, die darin nicht
noch weiter ginge als er. *Nicolas-Sébastien de Chamfort*

Freunde sind das Vermögen

Nettigkeiten für die beste Freundin

Was wäre das Leben ohne sie? Die beste Freundin ist wichtiger als ein guter Liebhaber oder Ehemann. Mit keinem kann man besser lästern. Keiner hat so viel Geduld mit uns und setzt uns bei Bedarf auch mal auf den Pott, damit wir wieder zur Vernunft kommen – und bleibt uns dann trotzdem noch so unbeirrbar verbunden. Klar, dass Sie dasselbe auch für sie tun würden. Sagen Sie ihr doch mal wieder, wie gern Sie sie haben!

Die Freunde, die man um vier Uhr morgens anrufen kann, die zählen. *Marlene Dietrich*

Alle Frauen verstehen die Sprache der Frauen. *Teresa von Ávila*

Ich war schon immer der Ansicht, dass das größte Privileg, die größte Hilfe und der größte Trost in einer Freundschaft darin bestehen, dass man nichts erklären muss. *Katherine Mansfield*

Meine Freunde sind mein Vermögen. *Emily Dickinson*

Liebe ist wie der wilde Rosenstrauch, Freundschaft wie die Stechpalme. Die Stechpalme ist nichts, wenn die Rose blüht, aber welche blüht beständiger? *Emily Brontë*

Die einzige Rose ohne Dornen ist die Freundschaft in dieser Welt. *Christine von Schweden*

Der eigentliche Kern der Freundschaft: ein Glaube, ein Hoffen, ein gemeinsames Werk! Es liegt eine große Freude dabei. *Annette von Droste-Hülshoff*

Offenherzigkeit ist die Seele der Eintracht. *Nannerl Mozart*

Freundschaft ist viel komplizierter als Liebe. *Hester Lynch Piozzi*

Freundschaft ist die Schwester der Liebe, gezeugt durch einen anderen Vater. *Madeleine-Sophie Arnould*

Auf den Wegen der Freundschaft soll man kein Gras wachsen lassen. *Marie Thérèse Geoffrin*

Hol der Teufel das Briefeschreiben! Wenn wir nur beisammen wären! *Katherine Mansfield*

Die Freundschaft rät und warnt vorher, nachher liebt sie. Das nur ist die echte, die falsche macht es umgekehrt. *Malwida von Meysenbug*

Eine gute Freundin ist wichtiger als ein Mann, weil ...

... sie tatsächlich zuhören kann.

... sie dich nicht wegen einer Jüngeren verlässt.

... sie keinen Saustall in deiner Wohnung hinterlässt.

... sie dich garantiert nicht zum Fußball einlädt.

... sie dieselben Filme mag wie du.

... sie dir keine Vorwürfe macht, wenn du eine ganze Tafel Schokolade isst.

Anonym

Was nicht fertig wird, bleibt liegen

Erprobtes aus Haushalt und Familie

Wozu alles selber machen, wenn man einen Mann daheim hat? Eine Beziehung sollte nicht zu mehr Arbeit im Haushalt führen, sondern zu weniger. Auf die Kunst des Delegierens kommt es an. Leider glauben viele Frauen immer noch, sie müssten alles selbst machen, weil niemand anderer es so gut könne. Letzteres stimmt zwar, aber es ist einfach schön, anderen bei der Arbeit zuzusehen. Dafür können Sie auch ruhig mal fünf gerade sein lassen.

Eine liebevolle Frau hilft ihrem Mann beim Umbinden der Schürze.   *Anonym*

Man kann einem Mann nichts abgewöhnen, aber man kann ihm angewöhnen, dass er sich etwas abgewöhnt.   *Catherine Deneuve*

Wie sortieren Männer ihre Wäsche? In „dreckig" und „dreckig, aber tragbar".

Hausfrauenerfahrung

Solange die Frau wäscht, kriegt der Mann
kein gutes Wort. *Aus den Niederlanden*

Männer stehen im Mittelpunkt und damit allen
Frauen im Weg. *Anonym*

Man merkt nie, was schon getan wurde;
man sieht immer nur das, was noch zu tun bleibt.
Marie Curie

Immer ruhig und gediegen!
Was nicht fertig wird, bleibt liegen. *Anonym*

Eine kluge Frau wird manches übersehen,
aber alles überschauen. *Lil Dagover*

Eine Frau ist in der Wirtschaft wie der Zaun um
einen Garten. Ist der Zaun tüchtig, so bleibt alles
ordentlich; nichts Fremdes bricht herein. Nehmt
den Zaun weg, und alles wird niedergetreten.
Sophie Mereau

Drei Viertel des Hauses stützen sich auf die Frau;
das vierte auf den Mann. *Aus der Slowakei*

Vor ein paar Jahrhunderten haben die Männer
beschlossen, dass jede Arbeit, die ihnen zuwider
ist, Frauenarbeit ist.   *Frances A. Gabe*

Wie viele Männer braucht man, um eine leere
Rolle Klopapier auszuwechseln? Das weiß
niemand. Es ist noch nie vorgekommen.   *Anonym*

Wer zu lange ein Auge zugedrückt hat, dem
werden eines Tages plötzlich beide aufgehen.
                                           Sophia Loren

Gott! Wie komisch sind die Männer! Ganz ernst-
haft bilden sie sich ein, der liebe Gott habe unser
Geschlecht geschaffen, um das ihre zu bedienen.
                                           Ida Hahn-Hahn

Nur ein Mann kann glauben, dass das Glück einer
Frau darin besteht, ihm zu gefallen und ihn zu
bedienen.   *Margaret Fuller*

Männer sind nicht geboren, um zu kommandie-
ren, Frauen nicht, um zu gehorchen.   *Lucretia Mott*

Die beste Möglichkeit, Männer dazu zu bringen,
etwas zu tun, ist durchblicken zu lassen, dass sie
vielleicht zu alt dazu sind.   *Shirley MacLaine*

Die moderne Frau kennt die Lieblingsspeise
ihres Mannes, und sie kennt auch das Restaurant,
in dem sie serviert wird.   *Anonym*

Früher hat der Mann eine Frau gesucht,
die kochen konnte wie seine Mutter. Heute
bekommt er eine, die trinken kann wie
sein Vater.   *Frank Sinatra*

Ich entscheide die großen Dinge und meine Frau
die kleinen. Welche Dinge groß oder klein sind,
bestimmt meine Frau.   *Uwe Seeler*

Ich werde eine Autokratin sein, das ist mein
Beruf. Und Gott, der Herr, wird es mir verzeihen.
Das ist sein Beruf.   *Katharina die Große*

Könnte ich leben, ohne zu arbeiten, ich wäre das
glücklichste Wesen unter der Sonne.
          Franziska zu Reventlow

Alle Frauen sollten wissen, wie man auf Kinder
aufpasst. Die meisten von ihnen werden eines
Tages einen Ehemann haben.   *Franklin P. Jones*

Ehemänner ebenso wie ihre Artgenossen sind oft
nur zu groß geratene Kinder.   *Mary Wollstonecraft*

Frauen würden sich leichter damit abfinden,
dass ihr Mann später nach Hause kommt, wenn
sie sich wirklich darauf verlassen könnten, dass
er nicht früher da ist.   *Sidonie-Gabrielle Colette*

Ich hasse die Frauen, weil sie immer wissen,
wo die Sachen sind, die man sucht.
James G. Thurber

Es gibt gewisse Dinge, wo ein Frauenzimmer
immer schärfer sieht als hundert Augen der
Mannsperson.   *Gotthold Ephraim Lessing*

Ich staune über den Schaden, den der Verkehr mit
Verwandten verursacht. Meines Erachtens kann
nur der es glauben, der es selbst erfahren hat.
Teresa von Ávila

Wenn du von deinem Kind niemals gehasst
worden bist, bist du nie eine gute Mutter gewesen.

Bette Davis

Kinder sind dazu da, um Lärm zu machen.

Helene Lange

Ich liebe Kinder vor allem, wenn sie schreien,
weil dann jemand kommt und sie mitnimmt.

Nancy Mitford

Mütter lieben ihre Kinder mehr, als Väter es tun,
weil sie sicher sein können, dass es ihre sind.

Aristoteles

Eltern verzeihen ihren Kindern die Fehler am
schwersten, die sie ihnen selbst anerzogen haben.

Marie von Ebner-Eschenbach

Wer sich nicht wehrt, endet am Herd.   *Sprichwort*

Es gibt drei Dinge, die eine Frau aus dem Nichts
hervorzaubern kann: einen Hut, einen Salat und
einen Ehekrach.

Mark Twain

Es gibt nur einen Ausweg, wenn man einmal in ein Labyrinth geraten ist, das ist der Wille.

Fanny Lewald

Der Teufel weiß alles außer dem Platz, wo die Frauen ihre Messer schärfen.   *Aus Bulgarien*

Männer und Frauen stimmen in ihrem Urteil über das Verdienst einer Frau selten überein: Ihre Interessen sind zu verschieden.

Jean de La Bruyère

Ist deine Frau klein, so beuge dich zu ihr und höre.   *Aus dem Talmud*

Es gibt ein Wort, das süßer ist als Mutter, Heim oder Himmel – das ist das Wort „Freiheit".

Frances Gage

Der Mann ist das Haupt der Familie, und die Frau ist der Hut darauf.   *Aus Amerika*

Eine Frau verabscheut Grobheiten. Sie kastriert ihren Mann behutsam durch Kritik.

Catherine Miller

Aber – ich soll ein echtes, ein wahres Weib sein!
Was ist denn das: „ein wahres Weib"? Muss ich,
um ein wahres Weib zu sein, bügeln, nähen,
kochen und kleine Kinder waschen?   *Hedwig Dohm*

Überall also, wo die Frauen herrschen, muss auch
ihr Geschmack herrschen.   *Jean-Jacques Rousseau*

Frauen misstrauen den Männern im Allgemeinen
zu sehr und im Besonderen zu wenig.
Gustave Flaubert

Es ist besser eine Beziehung zu haben mit
jemandem, der dich betrügt, als mit jemandem,
der die Toilette nicht spült.   *Uma Thurman*

Der Unterschied zwischen einem Hund und
einem Mann: Der Hund versaut einem den
Teppich, der Mann das ganze Leben.   *Sprichwort*

Von allen Erfindungen, die der Frau die Arbeit
erleichtern oder ersparen, ist der Mann die
beliebteste.   *Oscar Wilde*

Ich werde putzen, wenn es einen selbsttätigen
Staubsauger gibt.
Roseanne Barr

Was sollte man einem Mann schenken, der schon
alles hat? Eine Frau, die ihm zeigt, wie's funktioniert.
Anonym

Mir könnte gar nichts Lieberes passieren, als von
Zeit zu Zeit sechs Wochen allein zu sein.
Paula Modersohn-Becker

Selbstbefriedigung ist klasse: Du musst ihm
morgens keinen Kaffee kochen und abends nicht
mit ihm Fußball schauen.
Graffito

An einem schönen Tage im Schatten zu sitzen
und ins Grüne zu blicken, ist die beste aller
Erquickungen.
Jane Austen

Protest gegen den Mottenfraß der Häuslichkeit,
weil man in einer glücklichen Häuslichkeit sonn-
tags immer die Dachziegel vom Nachbarn zählt.
Bettina von Arnim

Eine erfahrene Frau folgt ihrem Mann,
wohin sie will.

Anonym

Eine Frau tut, was der Mann will, wenn er
verlangt, was sie wünscht.

Elizabeth Taylor

Eine Frau holt gerne den Rat ihres Mannes ein,
schon deshalb, um ihn nicht zu befolgen.

Arthur Schnitzler

Eine Frau, die klug genug ist, den Rat eines
Mannes einzuholen, wird bestimmt nicht so
dumm sein, ihn auch zu befolgen.

Elsa Maxwell

Sag immer die Wahrheit

Andere nennen es Tratsch – wir nennen es Information!

Geheimnisse machen nur halb so viel Spaß, wenn man sie nicht mit jemandem teilen kann. Die Kunst liegt darin, zu wissen, wem man was erzählen darf. Im Grunde gibt es genau zwei Arten von Geheimnissen: solche, die man weitererzählt, und andere, die man für sich behält. Denn wenn Sie alles ausplaudern, wird Ihnen künftig niemand mehr etwas im Vertrauen mitteilen. Und das wäre doch jammerschade.

Sag immer die Wahrheit – aber niemals die ganze!

Anonym

Frauen lieben es gar nicht, Klatsch weiterzuerzählen. Sie wissen nur nicht, was sie sonst damit tun sollen.

Romy Schneider

Wenn heutzutage jemand in Hollywood stirbt, fragt keiner mehr „Hat er ein Testament hinterlassen?", sondern „Hat er ein Tagebuch hinterlassen?"

Liza Minelli

Nur zwei Dinge behält die Frau verbissen für sich:
ihr Alter und was sie selbst nicht weiß.

Aus Bulgarien

In Sachen Geheimhaltung denken alle Frauen
kommunistisch: Geheimnisse sind dazu da,
um mit anderen geteilt zu werden.

Marcello Mastroianni

Indiskretion ist etwas, auf das man sich nur
bei den wenigsten Frauen verlassen kann.

Oscar Wilde

Zu einem Gespräch unter Frauen gehören
mindestens drei: Zwei, die sprechen, und eine,
über die gesprochen wird. *Alphonse Karr*

Niemand trägt auf einer Party so viel zur Unterhaltung bei wie diejenigen, die gar nicht da sind.

Audrey Hepburn

Man liebt eine Frau, wenn man nichts mehr vor
ihr geheim halten kann. *Paul Géraldy*

Erzähle ein Gerücht niemals weiter, bevor du es nachgeprüft hast. Und wenn es stimmt, halte erst recht den Mund. *Selma Lagerlöf*

Eine Frau ohne Geheimnisse ist wie eine Blume ohne Duft. *Maurice Chevalier*

Wer eine Frau beim Wort nimmt, ist ein Sadist. *Jeanne Moreau*

Eine Frau ist ehrlich, wenn sie keine überflüssigen Lügen sagt. *Anatole France*

Die Wahrheit kennt keine Schnörkel. *Olympe de Gouges*

In vermintem Gelände sind alle Männer Gentlemen

Gehaltvolles und Originelles

Geistreiche Menschen sind besonders unwiderstehlich. In diesem Kapitel finden Sie Sprüche von Frauen und über Frauen, die zum Nachdenken anregen: mal heiter, mal ernst, aber immer mit einem besonderen Blick auf das Wesentliche.

Das Geld ist leider die Sache, für die man im Leben am meisten zahlen muss. *Juliette Gréco*

Ich beherrsche nur drei Worte Französisch: Yves, Saint, Laurent. *Prinzessin Diana*

Wäre Kleopatras Nase kurz gewesen, sähe die Welt völlig anders aus. *Blaise Pascal*

Das männliche Ego ist, bis auf wenige
Ausnahmen, elefantös.

Bette Davis

Jeder Mann, den ich kennenlerne, will mich
beschützen. Ich weiß bloß nicht, wovor.

Mae West

Wenn ein Mann eine Frau kennenlernt, zu der
er sich hingezogen fühlt, ist ihm so, als erblühe
plötzlich eine Blume in seinem Knopfloch.

Louise Lévêque de Vilmorin

In vermintem Gelände sind alle Männer
Gentlemen – nach dem Motto: Ladies first.

Barbra Streisand

Das Gewissen ist der einzige Spiegel,
der weder betrügt noch schmeichelt.

Christine von Schweden

Die Männer träumen, wenn sie schlafen.
Die Frauen träumen, wenn sie nicht schlafen
können.

Christian Fürchtegott Gellert

Ich male Bilder, die noch nicht existieren,
aber die ich gerne sehen möchte. *Leonor Fini*

Ein Buch ist wie eine Hand, die ins Dunkle
ausgestreckt wird – in der Hoffnung, dass ihr
eine andere Hand begegnet. *Harriet Beecher-Stowe*

Tanz ist Poesie ... und jede Bewegung wie
ein Wort. *Mata Hari*

Ich hasse Blumen. Ich male sie, weil sie billiger
sind als Modelle und sich nicht bewegen.
Georgia O'Keeffe

Das einzig Männliche, das ich mag, sind
tatsächlich die Ochsen, die ich male. *Rosa Bonheur*

Seit Lucrezia Borgia bin ich die Frau, die am
meisten Menschen umgebracht hat, allerdings
mit der Schreibmaschine. *Agatha Christie*

Filmemachen ist die Kunst, schöne Frauen schöne
Dinge tun zu lassen. *François Truffaut*

Früher fuhr man dorthin, wo etwas Schönes zu sehen war. Heute fährt man dorthin, wo es einen Parkplatz gibt.
Françoise Arnoul

Ärzte können ihre Fehler begraben, aber ein Architekt kann seinen Kunden nur raten, Efeu zu pflanzen.
George Sand

Wer nicht mehr genießen kann, wird ungenießbar.
Teresa von Ávila

Ich bin aus zwei Gründen in die Politik gegangen: Erstens, weil meine Mutter nichts von Politik hält, und zweitens, weil es eine schöne Art ist, seine Aggressionen loszuwerden.
Heide Simonis

Zweifellos vermag die Politik Großartiges zu schaffen, aber nur das Herz vollbringt Wunder.
George Sand

Merkt euch eins: Lieber ein mittelmäßiger Frieden als ein glorreicher Krieg!
Maria Theresia

Durch Ruhe und Ordnung kann die Demokratie ebenso gefährdet werden wie durch Unruhe und Unordnung. *Hildegard Hamm-Brücher*

Politik besteht darin, dass Sie in Verhandlungen sitzen und nicht immer auf den Pott können. *Heide Simonis*

Die Revolution ist das Größte, alles andere ist Quark! *Rosa Luxemburg*

Wenn keiner weiß, wo es langgeht, sollten alle wenigsten suchen dürfen. *Antje Vollmer*

Die Geschichte ist der beste Lehrer mit den unaufmerksamsten Schülern. *Indira Gandhi*

Fernsehsendungen zu machen, ist eine viel zu wichtige Sache, als dass man sie den Fernsehleuten allein überlassen könnte. *Margaret Thatcher*

Dort, wo die Macht ist, muss man die Frauen wie Stecknadeln im Heuhaufen suchen. *Annemarie Renger*

Der größte bekannte organisierte Diebstahl ist
der der Kirche an der Frau.   *Matilda Joslyn Gage*

Durch die Gasse der Vorurteile muss die Wahrheit
ständig Spießruten laufen.   *Indira Gandhi*

Wir sollten Hunde lieben – und nur Hunde!
Männer und Katzen sind unwürdige Kreaturen.
                                       Marie Bashkirtseff

Die Maus ist ein Tier, dessen Pfad mit in
Ohnmacht fallenden Frauen übersät ist.
                                       Ambrose Bierce

Was eine Katze nicht weiß, ist nicht der Mühe
wert, gewusst zu werden.   *Sidonie-Gabrielle Colette*

Ich habe nie geheiratet, weil ich drei Haustiere
habe, die den gleichen Zweck erfüllen wie ein
Ehemann. Ich besitze einen Hund, der jeden
Morgen knurrt, einen Papagei, der den ganzen
Nachmittag flucht, und eine Katze, die spät in
der Nacht nach Hause kommt.   *Maria Corelli*

Die Hollywood-Pest heißt: Einsamkeit
mit Hunden und geistvollen Flaschen.

Gloria Swanson

Ein Mann betritt einen Buchladen und sagt zur
Verkäuferin: „Ich suche das Buch ‚Der Mann – das
starke Geschlecht'." Sagt die Verkäuferin: „Science
Fiction steht in der Abteilung nebenan."   *Anonym*

Es gibt drei Grundwahrheiten:
1. Männer haben immer recht.
2. Die Erde ist eine Scheibe.
3. Frauen lieben Männer generell!   *Anonym*

Wollt ihr die Männer kennen,
so studiert die Frauen.   *Jean-Jacques Rousseau*

Die Gräslein können den Acker nicht begreifen,
aus dem sie sprießen.   *Hildegard von Bingen*

Die Frauen werden in der Poesie ebenso
ungerecht behandelt wie im Leben.

Friedrich Schlegel

Was machen Sie?
Nichts. Ich lasse das Leben auf mich regnen.

Rahel Varnhagen

Der Henker ist, glaube ich, sehr erfahren,
und mein Hals ist sehr schlank.

Anne Boleyn

Frühling ist das Einzige, was man nie satt kriegt,
solange man lebt.

Rosa Luxemburg

Einfach unglücklich sein genügt nicht

Trost für alle Fälle

Kennen Sie das: Eigentlich sind Sie so richtig traurig, und dann sagt jemand genau das Richtige, und Sie müssen – unter Tränen – schon wieder lächeln. Falls dieser hilfreiche Jemand mal nicht da ist, wenn Sie ihn brauchen: Hier finden Sie gute Sprüche für die Seele, Worte des Trostes und der Lebenserfahrung. Am besten gleich lesen und die schönsten merken – für sich selbst und für andere.

Mag sein, dass es schwer ist, auf anderen Planeten zu leben, aber einfach ist es auf diesem auch nicht. *Anonym*

Das Leben ist fast zu gemein, um ertragen zu werden. *Katherine Mansfield*

Einfach unglücklich sein genügt nicht, du musst auch wissen, wie. *Djuna Barnes*

Du siehst alles ein bisschen klarer mit Augen,
die geweint haben. *Marie von Ebner-Eschenbach*

Traurig sein ist wohl etwas Natürliches. Es ist
wohl ein Atemholen zur Freude, ein Vorbereiten
der Seele dazu. *Paula Modersohn-Becker*

Wenn du in die Enge getrieben wirst und sich
alles gegen dich zu wenden scheint, bis es so
aussieht, als ob du es nicht eine Minute länger
aushalten kannst, gib nicht auf, denn das ist
genau der Augenblick, in dem das Blatt sich
wendet. *Harriet Beecher-Stowe*

Nur Mut, wir werden es schon weiter mit dem
Leben aufnehmen, wie es auch kommen mag.
Rosa Luxemburg

Wer sich nach Licht sehnt, ist nicht lichtlos.
Denn die Sehnsucht ist schon Licht!
Bettina von Arnim

Man liebt einen Menschen nicht wegen seiner
Stärken, sondern wegen seiner Schwächen.
Tilla Durieux

Wenn wir anfangen, unser Versagen nicht mehr
so ernst zu nehmen, so heißt das, dass wir es
nicht mehr fürchten. *Katherine Mansfield*

Es ist viel leichter, einen Mann zu finden,
als ihn wieder loszuwerden. *Gina Lollobrigida*

Über den Verlust eines Mannes muss man nicht
trauern, weil ...

... es so viele andere gibt.

... er Ihnen sowieso auf die Nerven ging.

... Sie das Bad wieder für sich alleine haben.

... sie nur ihr eigenes Geschirr wegräumen müssen.

... keiner mehr den Sportkanal einschaltet.

Anonym

Auch ich hatte Teflon-Zeiten, da blieb kein Mann
an mir kleben. *Dianne Brill*

Es ist besser, allein unglücklich zu sein, als mit
jemandem zusammen unglücklich zu sein.

Marilyn Monroe

Freundschaft ist sicherlich der beste Balsam für
die Wunden einer enttäuschten Liebe.   *Jane Austen*

Das Leben ist wundervoll. Es gibt Augenblicke, da
möchte man sterben. Aber dann geschieht etwas
Neues, und man glaubt, man sei im Himmel.
Edith Piaf

Gewöhnlich ist es nicht das Glück, das uns fehlt,
sondern das Wissen um das Glück.   *Helene Stöcker*

Nicht was wir erleben, sondern wie wir empfin-
den, was wir erleben, macht unser Schicksal aus.
Marie von Ebner-Eschenbach

Was ich nicht wahrhaben will, hülle ich in einen
Scherz.   *Emily Dickinson*

Weil wir nur wenige Züge von dem unermess-
lichen Teppich sehen, an welchem der Erdgeist die
Zeiten hindurchwebt, darum lass uns bescheiden
sein.   *Karoline von Günderrode*

Das Leben muss nicht leicht sein, wenn es nur
inhaltsreich ist.   *Lise Meitner*

Man muss im Leben wählen zwischen Langeweile
und Leiden.   *Germaine de Staël*

Nur der Frohe fühlt den Schmerz, nur der
Gesunde die Krankheit, nur der Mutige kann
verzagen.   *Sophie Mereau*

Charme wächst wie die Perle, aus einer kleinen
Wunde, die sich langsam schließt.   *Lilli Palmer*

Wenn mir ein Schmerz widerfahren ist, fasst mich
immer ein doppeltes Verlangen nach Leben – nie
eigentlich Resignation.   *Franziska zu Reventlow*

Gegen den Rückschritt gibt es nur ein Mittel:
immer wieder von vorn anfangen.   *Teresa von Ávila*

Dem Tapferen sind Glück und Unglück wie seine
rechte und linke Hand; er bedient sich beider.
                                    Katharina von Siena

Die Entfernung ist unwichtig. Nur der erste Schritt
macht Schwierigkeiten. *Madame du Deffand*

Es mag sein, dass ich meine Ziele nie erreichen
werde, aber ich kann sie schauen, mich an ihnen
erfreuen und sehen, wohin sie mich leiten.
Louisa M. Alcott

Menschsein ist vor allem die Hauptsache.
Und das heißt: fest und klar und heiter zu sein,
ja, heiter trotz alledem. *Rosa Luxemburg*

In der Schule des Lebens bleibt man stets
ein Schüler. *Christine von Schweden*

Traue den Menschen doch etwas mehr, sie sind
wohl manchmal besser, als wir meinen.
Susette Gontard

Ich wundere mich manchmal, wie ich das alles
überleben konnte. Ich glaube fast, dass ich dank
meines langen Umgangs mit Katzen inzwischen
neun Leben habe wie sie. *Eleanor Marx*

Ich fand heraus, dass einem in tiefem Kummer
von der stillen, hingebungsvollen Kameradschaft
eines Hundes Kräfte zufließen, die einem keine
andere Quelle spendet.   *Doris Day*

Um etwas desto gewisser zu gewinnen, muss man
stets ein anderes aufgeben.   *Karoline von Günderrode*

Traurigkeit ist nicht ungesund – sie hindert uns,
abzustumpfen.   *George Sand*

Weiber sind im Unglück größer als Männer
vermöge der weiblichen Kardinaltugend Geduld.
                                    Karl Julius Weber

Ich wünsche mir keine andere Erde, keine andere
Welt als diese hier.   *Florence Nightingale*

Die Frau ist ein menschliches Wesen

Was böse Männer über Frauen sagen

Es ist immer gut, den Gegner zu kennen. Zum Abschluss daher ein paar fiese Sprüche, die den Männern über uns Frauen eingefallen sind. Aus manchen spricht die pure Verzweiflung, andere wieder sind sogar ganz witzig – und da wir großzügig sind, können wir uns auch über sie amüsieren. Gönnen wir den Kerlen ruhig diesen Spaß. Wir wissen es ja letztlich doch besser.

**Man tut den Frauen Unrecht, wenn man sagt,
sie würden immer zu spät fertig; es ist nicht wahr:
Sie fangen immer nur zu spät an.**

Gottlieb Moritz Saphir

**Frauen, die beständig mit einem kleinen Dolch
spielen, kann ich nicht leiden.** *Theodor Fontane*

**Wenn eine Frau nicht spricht, soll man sie
um Gottes willen nicht unterbrechen.**

Enrique Castaldo

Schöne Frauen werden gegenwärtig zu
den Talenten ihres Mannes gerechnet.

Georg Christoph Lichtenberg

Das Weib sieht tief. Der Mann sieht weit.

Christian Friedrich Grabbe

Eine Frau sollte nicht zu intelligent sein, sonst
lässt sie ihren Mann wie eine Niete aussehen.

Richard Nixon

Drei Dinge habe ich immer geliebt,
aber nie verstanden: Kunst, Musik und Frauen.

Bernard le Bovier de Fontenelle

Frauen sind für mich wie Elefanten. Ich sehe sie
gern an, aber ich würde keinen haben wollen.

W. C. Fields

Ich hab mir abgewöhnt, aus irgendeiner Handlung
von Frauen Folgerungen auf ihren Zustand zu
ziehen.

Hugo von Hofmannsthal

Seltsame Illusion der Frauen zu glauben, die
Kleidung lasse Gesicht und Figur vergessen!

Sully Prudhomme

Die Frau ist ein menschliches Wesen, das sich
anzieht, schwatzt und sich auszieht. *Voltaire*

Ein kluger Mann widerspricht seiner Frau nicht.
Er wartet, bis sie es selbst tut. *Ernest Hemingway*

Frauen müssen das letzte Wort behalten –
aber leider nicht für sich. *Hans-Joachim Kulenkampff*

Auch Frauen können ein Geheimnis für sich
behalten, vorausgesetzt, man erzählt es ihnen
nicht. *August Strindberg*

Frauen sind die Chamäleons der Liebe.
Wir Männer sind für sie nur die Farbe,
der sie sich jeweils anpassen. *Albert Chevalier*